# ステップ30

## 留学生のための
# PowerPoint
# 2019 ワークブック

カットシステム

# もくじ

◆サンプルファイルと演習で使うファイルのダウンロード
本書で紹介したサンプルファイル、ならびに演習で使用する画像ファイルは、以下のURL
からダウンロードできます。

http://cutt.jp/books/978-4-87783-791-4/

# タイトル スライドの作成

PowerPointは、発表用のスライドを作成するアプリケーションです。ステップ01では、PowerPointの概要、起動方法、タイトル スライドの作成について学習します。

## 1.1 PowerPointの役割

📖 **用語解説**

**プレゼンテーション**
プレゼンテーションの語源は英語で、日本語にすると「発表」を意味しています。

　研究成果や事業計画などを発表するときは、**スライド**を提示しながら発表内容を説明していくのが一般的です。もちろん、「発表用のスライド」は事前に作成しておく必要があります。このような場合に活用できるアプリケーションがPowerPointです。

　PowerPointを使うと、**画像や表、グラフ、図表**などを含むスライドを手軽に作成できます。さらに、**配布資料**の作成、発表時に読み上げる**原稿**の作成など、「発表に関連する一連の作業」を行えることもPowerPointの特長です。発表用の資料をスムーズに作成できるように、PowerPointの使い方を学習しておいてください。

## 1.2 PowerPointの起動

　それでは、PowerPointの具体的な使い方を解説していきます。まずは、PowerPointを起動するときの操作手順を解説します。

👆 **ワンポイント**

**タイルの活用**
「PowerPoint」のタイルがスタート画面に表示されている場合は、このタイルをクリックしてPowerPointを起動しても構いません。

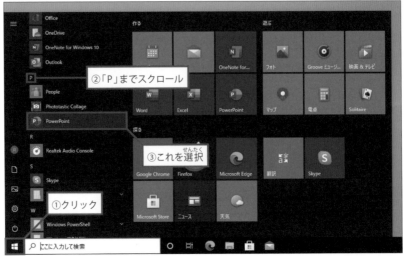

[スタート] ボタンをクリックし、アプリの一覧から「PowerPoint」を選択すると、PowerPointを起動できます。

## 1.3 PowerPointの起動画面

PowerPointを起動すると、以下の図のような画面が表示されます。ここで「新しいプレゼンテーション」をクリックすると、何も入力されていない白紙のスライドが画面に表示されます。

起動直後の画面

## 1.4 タイトル スライドの作成

まずは、1枚目のスライドとなるタイトル スライドを作成します。「○○を入力」と表示されている領域をクリックし、発表する内容のタイトル（表題）とサブタイトル（副題）を入力します。

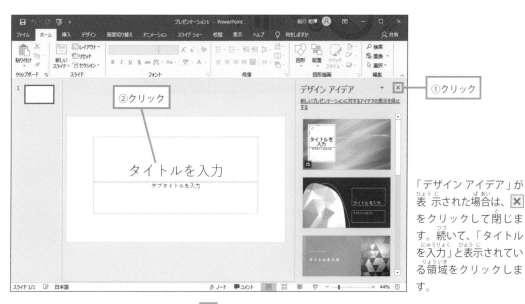

「デザイン アイデア」が表示された場合は、☒をクリックして閉じます。続いて、「タイトルを入力」と表示されている領域をクリックします。

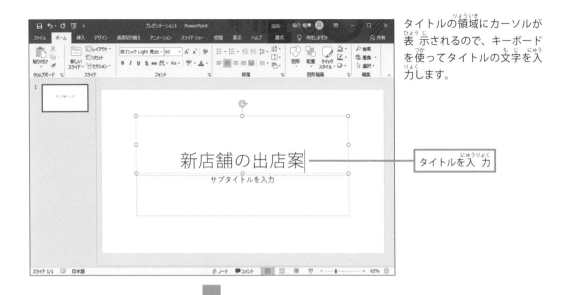

タイトルの領域にカーソルが表示されるので、キーボードを使ってタイトルの文字を入力します。

タイトルを入力

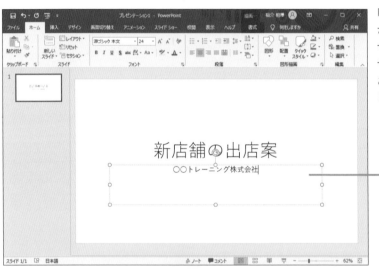

「サブタイトルを入力」と表示されている領域をクリックし、サブタイトルを入力します。サブタイトルがない場合は、ここに氏名や所属などを入力しても構いません。

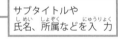

サブタイトルや
氏名、所属などを入力

以上で、タイトルスライドの作成は完了です。スライド上の余白をクリックし、領域の選択を解除します。

余白をクリック

## 1.5 入力した文字の修正

　スライドに入力した文字は、いつでも自由に修正できます。文字を修正するときは、その文字をクリックし、キーボードとマウスを使って文字を編集します。

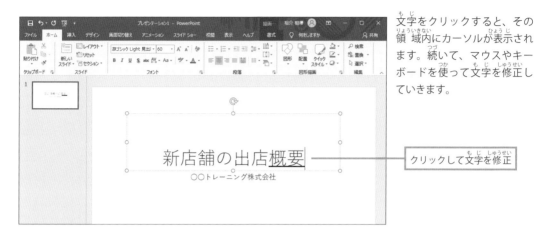

文字をクリックすると、その領域内にカーソルが表示されます。続いて、マウスやキーボードを使って文字を修正していきます。

## 1.6 以降のスライド編集について

　作成したタイトルスライドは、背景が白一色で味気ない感じがします。これを見栄えよくデザインする方法は、本書のステップ05で詳しく解説します。また、2枚目以降のスライドを作成していく必要もあります。この操作手順については、ステップ04で詳しく解説します。

PowerPointには、30種類以上のテーマが用意されています。これらのテーマを適用すると、スライド全体のデザインを簡単に変更できます（詳しくはステップ05で解説）。

演習

（1）PowerPointを起動し、以下の文字で**タイトルスライド**を作成してみましょう。

　　　　タイトル：**スマートフォンの研究**
　　　サブタイトル：**保有率とリサイクルについて**

（2）スライドのタイトルを「**スマートフォンの現状**」に修正してみましょう。

# ファイルの保存と読み込み

PowerPointで作成したスライドは、ファイルに保存して管理します。続いては、スライドをファイルに保存する方法と、保存したファイルを読み込む方法について解説します。

## 2.1 スライドをファイルに保存

作成したスライドをファイルに保存するときは、［ファイル］タブを選択し、以下のように操作します。

このタブを選択

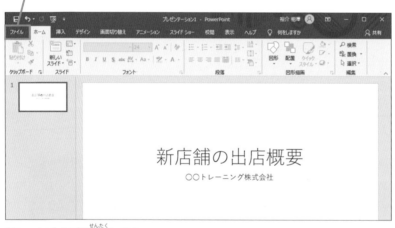

［ファイル］タブを選択します。

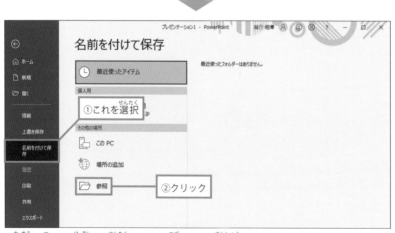

「名前を付けて保存」を選択します。続いて、「参照」をクリックします。

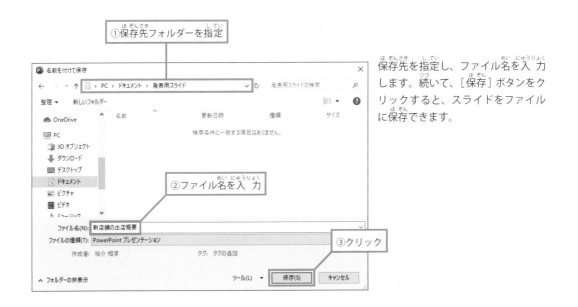

①保存先フォルダーを指定

②ファイル名を入力

③クリック

保存先を指定し、ファイル名を入力します。続いて、[保存]ボタンをクリックすると、スライドをファイルに保存できます。

## 2.2 保存したスライドをPowerPointで開く

　ファイルを保存できたら、いちどPowerPointを終了し、ファイルを正しく開けるか確認してみましょう。保存したファイルのアイコンを**ダブルクリック**すると、そのファイルをPowerPointで開くことができます。

ダブルクリック

保存先フォルダーを開くと、PowerPointのファイルを確認できます。このアイコンをダブルクリックします。

PowerPointが起動し、スライドが画面に表示されます。

新店舗の出店概要

○○トレーニング株式会社

## 2.3　ファイルの上書き保存

　スライドに何らかの変更を加えたときは、ファイルの**上書き保存**を実行して、ファイルを更新しておく必要があります。この操作は、［**ファイル**］タブを選択し、「**上書き保存**」をクリックすると実行できます。

## 2.4　名前を付けて保存

　現在のファイルを維持したまま、編集中のスライドを「新しいファイル」として保存することも可能です。この場合は［ファイル］タブにある「**名前を付けて保存**」を選択し、P10 〜 11と同様の操作を行います。

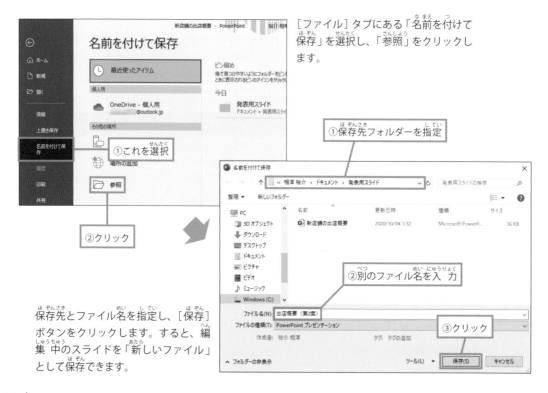

［ファイル］タブにある「名前を付けて保存」を選択し、「参照」をクリックします。

①これを選択

②クリック

①保存先フォルダーを指定

②別のファイル名を入力

③クリック

　保存先とファイル名を指定し、［保存］ボタンをクリックします。すると、編集中のスライドを「新しいファイル」として保存できます。

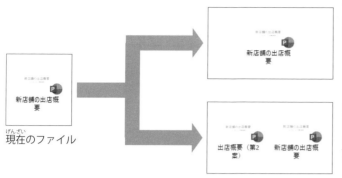

上書き保存
元のファイルが更新されます。

名前を付けて保存
別の名前で「新しいファイル」に保存されます。この場合、元のファイルが変更されることはありません。

現在のファイル

## 2.5 OneDriveについて

PowerPointには、ファイルをOneDriveに保存する機能も用意されています。OneDriveは、マイクロソフトが提供する無料のクラウドサービスです（インターネット上にファイルを保存できます）。自宅のパソコンだけでなく、学校にあるパソコンでもスライドを利用したいときは、このOneDriveにファイルを保存しておくとよいでしょう。
※OneDriveを利用するには、Microsoftアカウントでサインインしておく必要があります。

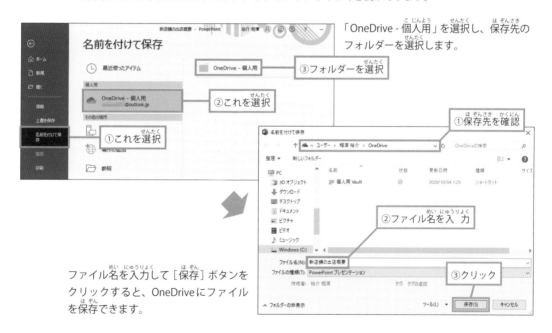

「OneDrive - 個人用」を選択し、保存先のフォルダーを選択します。

ファイル名を入力して［保存］ボタンをクリックすると、OneDriveにファイルを保存できます。

（1）タイトルに「**スマートフォンの現状**」、サブタイトルに「**普及率とリサイクルについて**」と入力したタイトルスライドを作成し、**ファイルに保存**してみましょう。

（2）いちどPowerPointを終了したあと、演習（1）で保存したファイルをダブルクリックしてスライドを開いてみましょう。

（3）サブタイトルを「**保有率とリサイクルについて**」に変更し、**上書き保存**してみましょう。

# PowerPointの画面構成

ステップ03では、PowerPointの画面構成について解説します。タブの切り替え、スライドの拡大／縮小などをスムーズに行えるように、各部の名称と基本的な操作手順を学習してください。

## 3.1 PowerPointの画面構成

PowerPointの画面は以下の図のような構成になっています。ウィンドウの上部に**タブ**と**リボン**、ウィンドウの左側に**スライド一覧**が表示されています。ウィンドウ中央には編集中のスライドが表示されます。また、ウィンドウ下部にある「ノート」をクリックすると、発表用原稿などを記入できる**ノートの領域**を表示できます。

◆ タブ
ここで大まかな操作内容を指定します。選択したタブに応じてリボンの表示が変化します。なお、ファイルの保存や印刷などを行うときは［ファイル］タブを選択します。

◆ リボン
さまざまな操作コマンドが表示される領域です。ここに表示される内容は、選択しているタブに応じて変化します。

◆ スライド一覧
作成したスライドが一覧表示されます。編集するスライドを選択したり、スライドの順番を並べ替えたりするときに利用します。

◆ スライドの編集画面
編集中のスライドが表示されます。スライドを作成するときは、ここでスライドの内容を確認しながら作業を進めていきます。

◆ ノートの領域
編集しているスライドのメモを記述できる領域です。発表時に読み上げる原稿の作成場所として利用できます。ウィンドウ下部にある「ノート」をクリックして表示/非表示を切り替えます。

## 3.2 タブの選択とリボンの表示

リボンに表示されるコマンドは、選択しているタブに応じて変化します。このため、実際に操作するときは、「タブで大まかな操作を選択」→「リボンで操作コマンドを選択」という手順で作業を進めていきます。

［挿入］タブを選択したときのリボンの表示

［デザイン］タブを選択したときのリボンの表示

## 3.3 表示倍率の変更

編集しているスライドの表示倍率を変更することも可能です。表示倍率を変更するときは、ウィンドウ右下にあるズームを操作します。

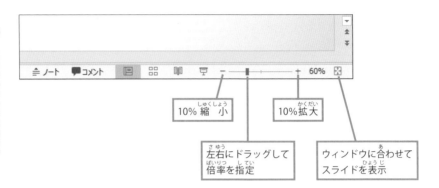

**ワンポイント**

表示倍率を数値で指定
「○○%」と表示されている部分をマウスでクリックすると、「ズーム」ウィンドウが表示され、スライドの表示倍率を数値(%)で指定できます。

10% 縮小

10% 拡大

左右にドラッグして倍率を指定

ウィンドウに合わせてスライドを表示

小さい文字を編集するときは、スライドの表示倍率を拡大すると作業を進めやすくなります。元の表示倍率に戻すときは 🔲 をクリックします。すると、表示倍率が自動調整され、ウィンドウのサイズに合わせてスライド全体が表示されます。

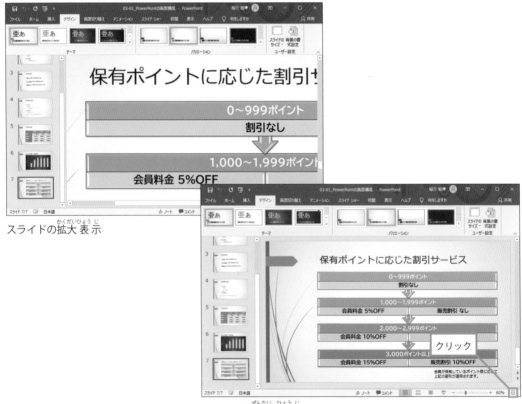

スライドの拡大表示

スライド全体の表示

スライド一覧の表示を拡大／縮小することも可能です。この場合は、「スライド一覧」と「スライドの編集画面」を区切る枠線を左右にドラッグします。

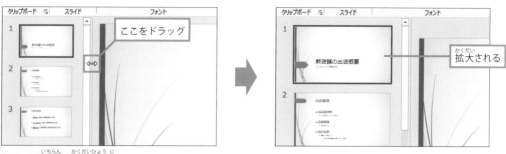

スライド一覧の拡大表示

PowerPointには4種類の表示方法が用意されています。これらの表示方法は、ウィンドウの右下にある4つのアイコンで切り替えます。

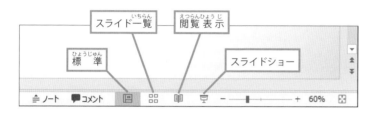

◆標準
標準的な表示方法です。スライドを編集するときは、この表示方法で作業を進めていきます。

◆スライド一覧
作成したスライドを一覧表示できます。

◆閲覧表示
ウィンドウ全体にスライドを1枚ずつ表示します。スライドショーの動作をウィンドウ内で確認する場合などに利用します。

◆スライドショー（ステップ23で詳しく解説）
作成したスライドを1枚ずつ画面全体に表示します。この表示方法は、実際に発表するときに利用します。

演習

（1）PowerPointを起動し、[挿入]〜[ヘルプ]タブを順番に選択してみましょう。
（2）ステップ02の演習（3）で保存したファイルを開き、スライドの**表示倍率を150%に拡大**してみましょう。その後、**元の表示倍率**に戻してみましょう。

# Step 04 スライドの追加と箇条書き

ここからは、2枚目以降のスライドを作成する方法について解説していきます。まずは、スライドを追加する方法と、箇条書きの文章を入力する方法を学習します。

## 4.1 ファイルに保存されるスライド

実際に発表するときは、タイトルスライドに続けて「目的」や「概要」、「調査方法」、「調査結果」、「結論」などのスライドを順番に示しながら発表内容を説明していきます。このため、スライドを何枚も作成しておく必要があります。

作成したスライドは、1つのファイル（**プレゼンテーションファイル**）にまとめて保存します。この作業を行うにあたって、特別な操作は何もありません。P12で解説したように**上書き保存**を実行するだけで、作成したスライド群を1つのファイルにまとめて保存できます。

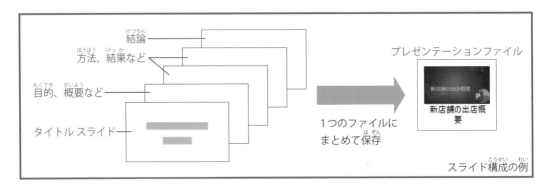

スライド構成の例

## 4.2 新しいスライドの追加

新しいスライドを追加するときは、[ホーム]タブにある「新しいスライド」をクリックし、以下のように操作します。

[ホーム]タブにある「新しいスライド」のアイコンをクリックします。

新しいスライドが追加され
ます。まずは、「タイトルを
入 力」と表示されている領
域をクリックします。

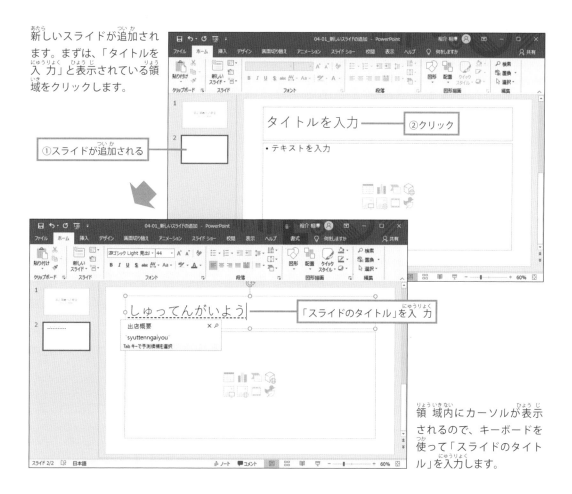

①スライドが追加される

②クリック

「スライドのタイトル」を入 力

領 域内にカーソルが表示
されるので、キーボードを
使って「スライドのタイト
ル」を入力します。

## 4.3 コンテンツの領域の文字入 力

新しく挿入したスライドには、**コンテンツ**と呼ばれる領域が用意されています。続いては、
この領域に文字を入力するときの操作手順を解説します。

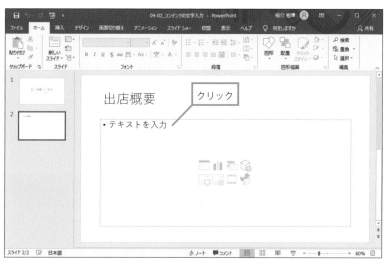

「テキストを入力」と表示さ
れている部分をクリックし
ます。

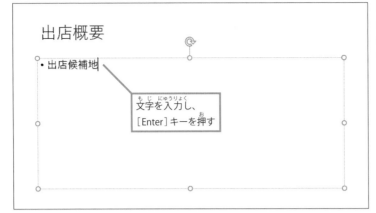

「コンテンツの領域」にカーソルが表示されるので、キーボードを使って文字を入力していきます。続いて、[Enter]キーを押すと…、

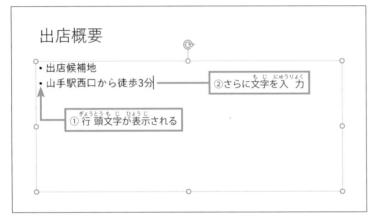

文章が改行され、次の行の先頭に行頭文字が表示されます。

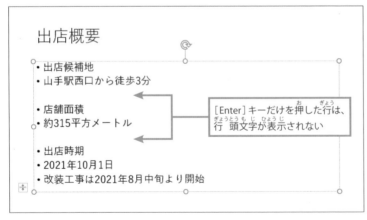

同様の手順で、スライドに文字（箇条書き）を入力していきます。[Enter]キーだけを入力して行間を調整することも可能です。

## 4.4 箇条書きのレベルの変更

「箇条書き」のレベルを変更して階層構造にすることも可能です。「箇条書き」のレベルを変更するときは、その段落内にカーソルを移動し、[ホーム]タブにある ▥（インデントを増やす）をクリックします。

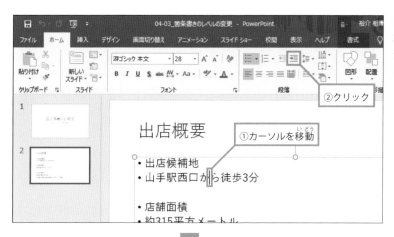

レベルを変更する段落内にカーソルを移動し、（インデントを増やす）をクリックします。

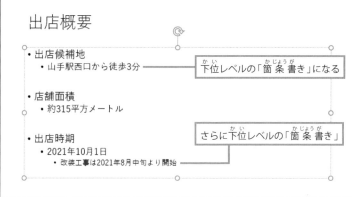

下位レベルの「箇条書き」になる

さらに下位レベルの「箇条書き」

「箇条書き」が1つ下のレベルに変更されます。を2回クリックすると、さらに下位レベルに変更できます。

☞ ワンポイント

**レベルを元に戻す**
元のレベル（1つ上のレベル）に戻すときは、その段落内にカーソルを移動し、（インデントを減らす）をクリックします。

（1）ステップ02の演習（3）で保存したファイルを開き、新しいスライドを追加してみましょう。
（2）追加したスライドに以下の文章を入力し、「箇条書き」のレベルを変更してみましょう。
　　《作業後、ファイルの上書き保存を行い、ファイルを更新しておきます》

## スマートフォンの特長

- インターネットへの接続
  - SNSの利用、Webの閲覧、メールの送受信など

- アプリの活用
  - アプリをインストールすることで、さまざまな用途に活用できる

- タッチパネルの採用
  - 画面にタッチして直観的に操作できる

◆漢字の読み
特長、接続、利用、閲覧、
送受信、活用、用途、採用、
画面、直感的、操作

# スライドのデザイン

ステップ05では、スライドのデザインを指定する方法を学習します。
PowerPointには「テーマ」が用意されているため、スライドのデザインを
手軽に指定できます。

## 5.1 テーマの適用

スライドのデザインを変更するときは**テーマ**を適用します。すると、適用したテーマに合わせてスライドの背景や配色、フォント、文字の配置などが自動調整され、見た目に美しいスライドに仕上がります。スライドにテーマを適用するときは、以下のように操作します。

[デザイン] タブを選択し、「テーマ」グループにある ▽ をクリックします。

テーマの一覧が表示されるので、好きなテーマをクリックして選択します。

スライドにテーマが適用され、スライド全体のデザインが変更されます。

デザインが変更される

① 1枚目を選択

② タイトル スライド専用のデザインを確認

1枚目のスライドには、タイトル スライド専用のデザインが適用されます。

## 5.2 テーマの変更

　スライドに適用したテーマは、いつでも自由に変更できます。テーマを変更するときは、以下のように操作します。

「テーマ」グループにある ⬇ をクリックし、変更後のテーマを選択します。

「変更後のテーマ」を選択

選択したテーマに応じて、スライドのデザインが変更されます。

テーマが適用され、デザインが変更される

## 5.3 バリエーションの指定

各テーマには、スライドのデザインをカスタマイズできるバリエーションが用意されています。この機能は、現在のデザインのまま、配色だけを変更する場合などに活用できます。

①いずれかをクリック

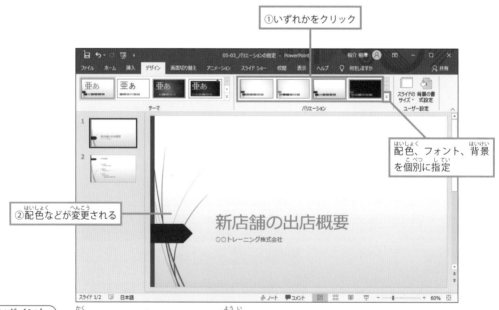

配色、フォント、背景を個別に指定

②配色などが変更される

各テーマにはバリエーションが用意されています。これらのアイコンをクリックすると、スライドの配色などを変更できます。

また、「バリエーション」グループにある □ をクリックし、配色やフォント、効果、背景のスタイルを指定することも可能です。デザインをカスタマイズする方法として覚えておいてください。

「バリエーション」の ▽ をクリックすると、このようなメニューが表示されます。

「配色」の変更

「フォント」の変更

「背景のスタイル」の変更

演習

（1）ステップ04の演習（2）で保存したファイルを開き、「インテグラル」のテーマを適用してみましょう。

（2）テーマを「イオン」に変更してみましょう。

（3）「スマートフォンの現状」の文字が1行で表示されるように、タイトルの領域を大きくしてみましょう。

　※タイトル文字をクリックし、領域の右側にあるハンドルをドラッグします。

（4）バリエーションを使って、配色を「赤」に変更してみましょう。

　《作業後、ファイルの上書き保存を行い、ファイルを更新しておきます》

演習（1）

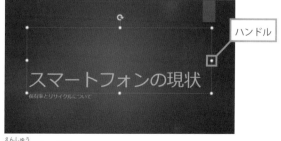

演習（2）、（3）

## Step 06

# 文字の書式指定（1）

続いては、フォントや文字サイズ、文字色といった「文字の書式」を指定する方法を学習します。これらの書式は［ホーム］タブにあるリボンを利用して指定します。

---

## 6.1　文字の書式の指定

スライドに**テーマ**を適用すると、そのデザインに合わせて**フォント**や**文字色**などが自動的に変更されます。ただし、「文字サイズが小さすぎる」、「特定の文字を強調したい」と思う場合もあるでしょう。このような場合は、以下のように操作して「文字の書式」を指定します。

書式を変更する文字をドラッグして選択します。続いて、［ホーム］タブの「フォント」グループで書式を指定します。

選択していた文字の書式が変更されます。

## 6.2 フォントの指定

　ここからは、それぞれの書式について解説していきます。まずは、フォントを指定する方法を解説します。フォントを変更するときは、メイリオ 本文（フォント）の▼をクリックし、一覧からフォントを選択します。

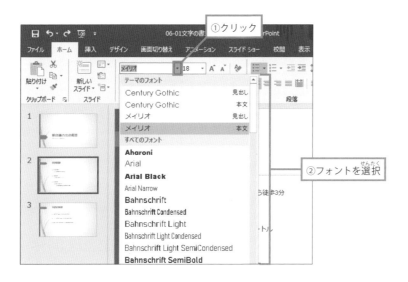

　フォントは、**日本語フォント**と**欧文フォント**の2種類があります。このうち、欧文フォントは半角文字だけに適用できるフォントとなります。全角文字に対して欧文フォントを指定することはできません。


## 6.3 文字サイズの指定

　文字サイズを変更するときは、18 ▼（フォント サイズ）の▼をクリックし、一覧から文字サイズを選択します。また、このボックス内に数値を直接入力して文字サイズを指定することも可能です。

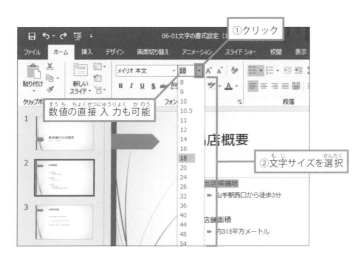

## 6.4 文字の書式の一括指定

「コンテンツの領域」にある文字の書式をまとめて指定するときは、すべての文字を選択した状態で［ホーム］タブを操作します。このとき、A（フォント サイズの拡大）や A（フォントサイズの縮小）をクリックして、「現在の文字サイズ」を基準に、文字サイズを段階的に変化させることも可能です。

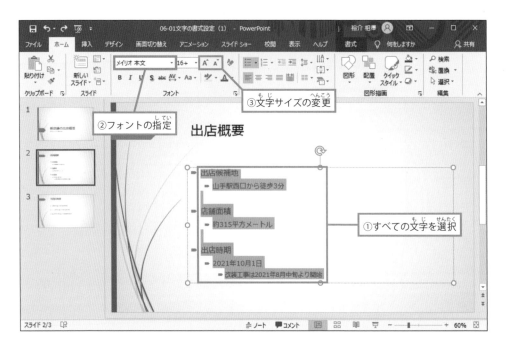

## 6.5 文字色の指定

文字色を指定するときは、A（フォントの色）の▼をクリックし、一覧から色を選択します。ここで「その他の色」を選択すると、「色の設定」ウィンドウが表示され、好きな色を指定できるようになります。

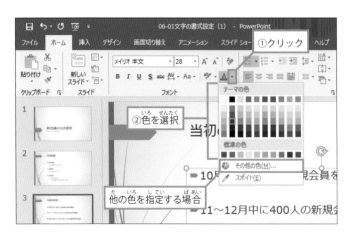

「色の設定」ウィンドウ

## 6.6 テーマとフォント、文字色の関係

テーマを変更すると、それに応じてフォントや文字色が自動的に変更されます。ただし、自分で指定した書式は、その例外となる場合があります。テーマに応じて変化するのは「テーマのフォント」と「テーマの色」だけです。それ以外は、テーマに関係なく、指定したフォントや文字色がそのまま引き継がれます。

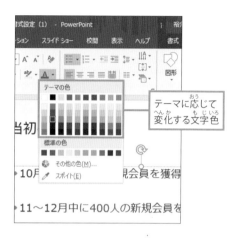

 演習

（1）ステップ05の演習（4）で保存したファイルを開き、2枚目のスライドの「コンテンツの領域」の文字サイズを2段階大きくしてみましょう。
　　※すべての文字を選択し、▲ （フォント サイズの拡大）を2回クリックします。
　　※右側のハンドルをドラッグし、すべての行が1行で表示されるようにサイズを調整します。

（2）「SNS」と「Web」のフォントを「Arial」に変更してみましょう。

（3）「SNS」、「Web」、「メール」、「アプリ」の文字色を「オレンジ」にしてみましょう。
　　《作業後、ファイルの上書き保存を行い、ファイルを更新しておきます》

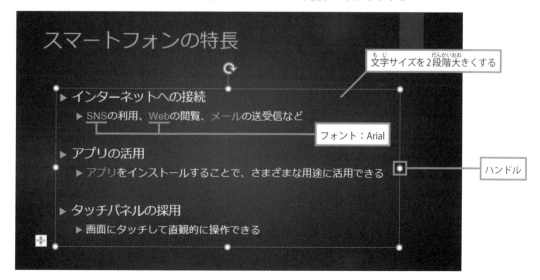

# 文字の書式指定（2）

PowerPointには、太字／斜体／下線／影や蛍光ペンといった「文字の書式」も用意されています。続いては、これらの書式を指定する方法について学習します。

## 7.1 太字、斜体、下線、影などの指定

PowerPointには、文字を太字や斜体にしたり、下線や影を付けたりする書式も用意されています。これらの書式を指定するときは、[ホーム]タブにある以下のアイコンをクリックします。各アイコンをクリックするごとに、その書式のON／OFFが切り替わります。

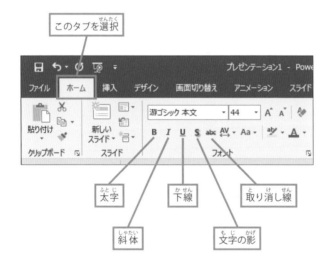

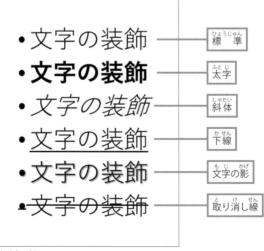

各書式の例

## 7.2 蛍光ペン

「蛍光ペン」を使って文字を強調することも可能です。文字を選択した状態で の ▾ をクリックし、ペンの色を選択すると、文字の背景に色を付けることができます。

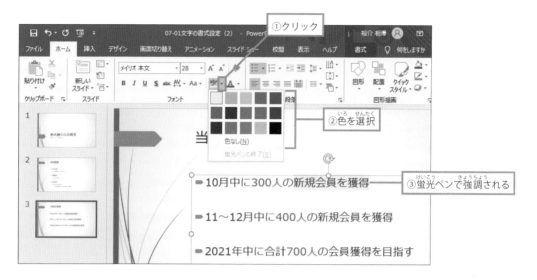

## 7.3 アルファベットの大文字と小文字

スライドに適用した**テーマ**によっては、すべてのアルファベットが大文字で表記される場合もあります。これを小文字に戻したいときは、その文字を選択した状態で Aa （**文字種の変換**）を指定します。

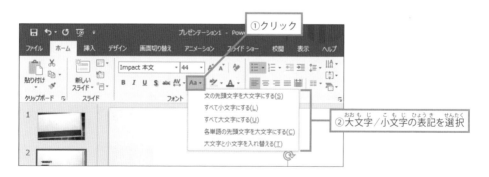

すべて大文字で表記された英単語

「文の先頭文字を大文字にする」を指定した場合

## 7.4 すべての書式をクリア

文字の書式指定をやり直したいときは、文字を選択した状態で 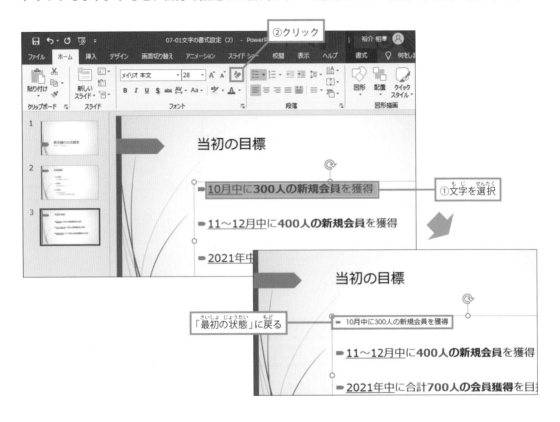（すべての書式をクリア）をクリックします。すると、自分で指定した書式がすべて解除され、「最初の状態」に戻ります。

## 7.5 「フォント」ウィンドウの活用

文字を選択した状態で、「フォント」グループにある ⤢ をクリックすると、「フォント」ウィンドウが表示されます。このウィンドウを使って「文字の書式」を指定することも可能です。

「フォント」ウィンドウの［フォント］タブには、次ページに示した「文字の書式」が用意されています。「$H_2O$」や「$x^2$」のように、上付きまたは下付きの文字にするときは、ここで書式を指定します。［文字幅と間隔］タブには、「文字と文字の間隔」を指定する項目が用意されています。

［フォント］タブ

［文字幅と間隔］タブ

演習

（1）ステップ06の演習（3）で保存したファイルを開き、2枚目のスライドにある「インターネット」、「アプリ」、「タッチパネル」の文字を太字にしてみましょう。

（2）「さまざま用途に活用できる」、「直観的に操作できる」の文字に下線を引いてみましょう。

《作業後、ファイルの上書き保存を行い、ファイルを更新しておきます》

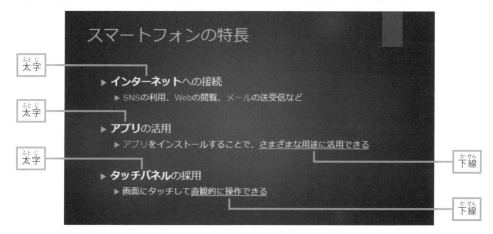

# 段落の書式指定（1）

ステップ08では「段落の書式」について学習します。「段落の書式」を使うと、「箇条書き」の行頭文字を変更する、段落の先頭に番号を付ける、といった操作を実行できるようになります。

## 8.1 段落の書式の指定

「段落の書式」を指定するときは、段落内にある文字を選択し、［ホーム］タブの「段落」グループにあるコマンドを操作します。まずは、「段落の書式」を指定するときの基本的な操作手順を紹介します。

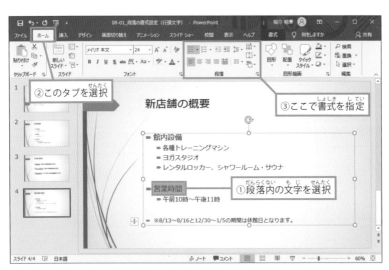

書式を変更する段落を選択します。続いて、［ホーム］タブの「段落」グループにあるコマンドを使って書式を指定します。

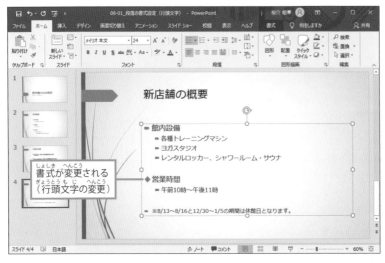

選択していた段落の書式が変更されます。

## 8.2 行頭文字の変更

まずは、「箇条書き」の先頭に表示されている**行頭文字**を変更する方法を解説します。行頭文字を変更するときは、（箇条書き）の▾をクリックし、一覧から記号を選択します。

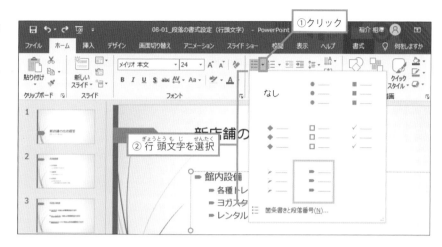

### ワンポイント

**テーマと行頭文字**

行頭文字は、テーマに応じて自動的に変化します。自動指定された行頭文字が気に入らなかった場合は、右に示した手順で行頭文字を変更します。

この一覧にある「**箇条書きと段落番号**」を選択すると、以下のような画面が表示され、行頭文字の**サイズ**や**色**を指定できるようになります。また、[**ユーザー設定**]ボタンをクリックして、好きな文字（記号）を行頭文字に指定することも可能です。

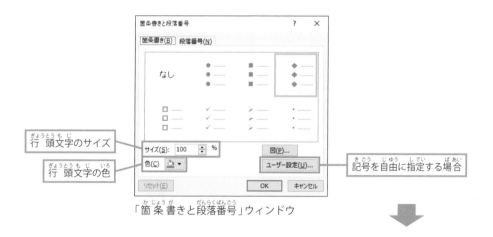

「箇条書きと段落番号」ウィンドウ

[ユーザー設定]ボタンをクリックすると、一覧に表示されていない文字（記号）を行頭文字に指定できます。

## 8.3　行頭文字の削除

　段落の先頭に**行頭文字**を表示したくない場合は、▤（**箇条書き**）をクリックしてOFFにします。すると、選択していた段落の行頭文字が削除されます。行頭文字を再び表示するときは、もういちど▤をクリックしてONにします。

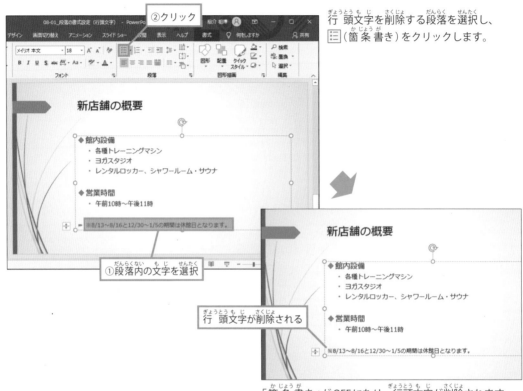

行頭文字を削除する段落を選択し、▤（箇条書き）をクリックします。

②クリック

新店舗の概要

◆館内設備
・各種トレーニングマシン
・ヨガスタジオ
・レンタルロッカー、シャワールーム・サウナ

◆営業時間
・午前10時〜午後11時

※8/13〜8/16と12/30〜1/5の期間は休館日となります。

①段落内の文字を選択

行頭文字が削除される

「箇条書き」がOFFになり、行頭文字が削除されます。

## 8.4　段落番号の指定

　「1、2、3、……」や「a、b、c、……」のように連続する文字を行頭文字に指定することも可能です。この場合は▤（**段落番号**）を利用します。

段落番号を指定する段落をまとめて選択します。

当初の目標

10月中に**300人の新規会員を獲得**

11〜12月中に**400人の新規会員を獲得**

2021年中に合計**700人の会員獲得を目指す**

段落をまとめて選択

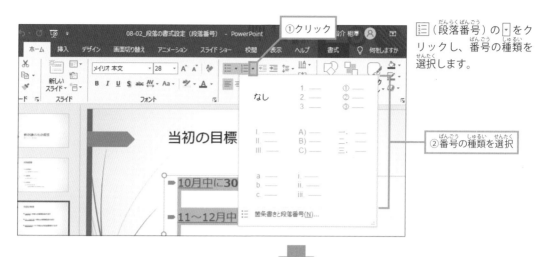

①クリック

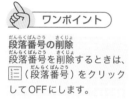

(段落番号) の▼をクリックし、番号の種類を選択します。

②番号の種類を選択

**ワンポイント**

**段落番号の削除**
段落番号を削除するときは、
(段落番号) をクリックしてOFFにします。

段落番号が
表示される

連番の行頭文字が
表示されます。

**演習**

（1）ステップ07の演習（2）で保存したファイルを開き、2枚目のスライドの第1レベルの行頭文字を■に変更してみましょう。

（2）第2レベルの行頭文字を□に変更してみましょう。

（3）第1レベルの行頭文字のサイズを100%に変更してみましょう。
　　《作業後、ファイルの上書き保存を行い、ファイルを更新しておきます》

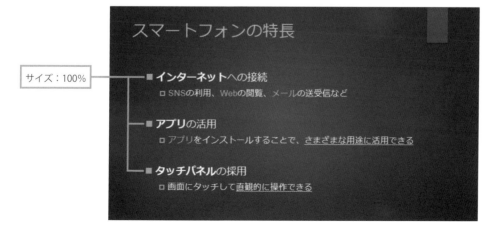

サイズ：100%

# 段落の書式指定（2）

PowerPointには、配置や行間などを指定する「段落の書式」も用意されています。続いては、これらの書式を指定するコマンドと「段落」ウィンドウについて解説します。

## 9.1 配置（行揃え）の指定

　文章を「中央揃え」や「右揃え」で配置したい場合もあると思います。このような場合は、[ホーム]タブにある以下のコマンドを使って段落の配置（行揃え）を指定します。

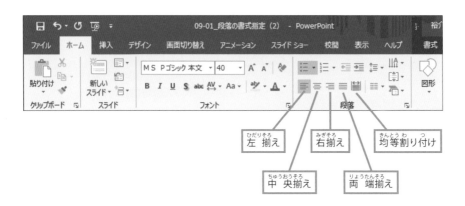

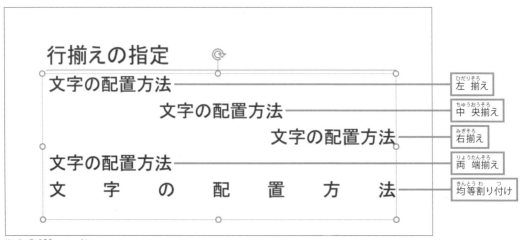

配置（行揃え）の例

　「左揃え」と「両端揃え」はよく似ていますが、右端の処理方法が異なります。「両端揃え」を指定した場合は、文字と文字の間隔が自動調整され、左端だけでなく、右端も文字が揃えて配置されます。

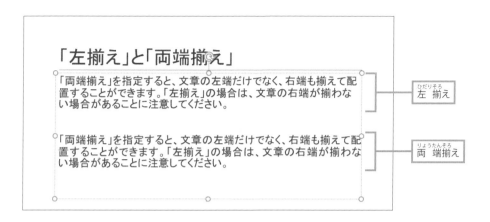

## 9.2　行間の指定

　各段落の行間を変更するときは、▤（行間）をクリックして間隔を指定します。たとえば「2.0」を指定すると、行間を2倍の間隔に変更できます。

## 9.3　文字の配置の指定

　上下方向について文字の配置を変更したいときは、▥（文字の配置）をクリックし、一覧から配置方法を選択します。なお、この書式は段落ではなく、「コンテンツの領域」全体に対して指定する書式となります。

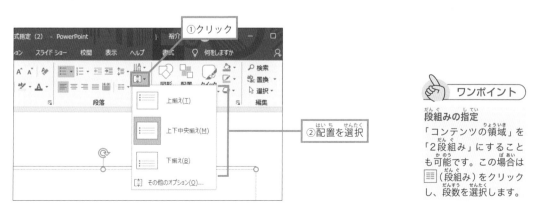

**ワンポイント**

**段組みの指定**
「コンテンツの領域」を「2段組み」にすることも可能です。この場合は▦（段組み）をクリックし、段数を選択します。

## 9.4 縦書きの指定

　文章を縦書きで配置することも可能です。文章の向きを変更するときは、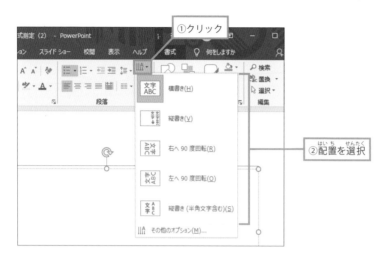（文字列の方向）をクリックし、一覧から配置方法を選択します。この書式も「コンテンツの領域」全体に対して指定する書式となります。

## 9.5 「段落」ウィンドウの活用

　行間などを詳しく指定したいときは、「段落」ウィンドウを利用すると便利です。「段落」ウィンドウは、［ホーム］タブの「段落」グループにある 🔽 をクリックすると表示できます。

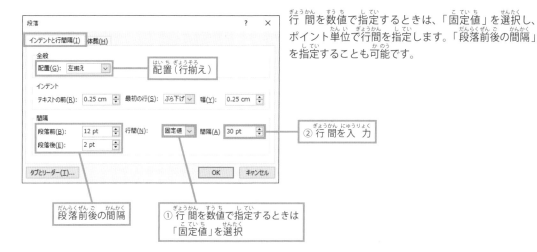

行間を数値で指定するときは、「固定値」を選択し、ポイント単位で行間を指定します。「段落前後の間隔」を指定することも可能です。

② 行間を入力

段落前後の間隔

① 行間を数値で指定するときは「固定値」を選択

［体裁］タブでは、「禁則処理」や「ぶら下げ」などを指定できます。

**用語解説**

**禁則処理とぶら下げ**
各行の先頭に「句読点」や「かっこ閉じ」などを配置しないように調整する処理のことを「禁則処理」といいます。また、句読点が行末に来たときに、句読点を右側に飛び出させて配置する処理を「ぶら下げ」といいます。

◆◆◆◆◆◆◆◆◆◆◆◆◆◆◆ 演 習 ◆◆◆◆◆◆◆◆◆◆◆◆◆◆◆

（1）ステップ08の演習（3）で保存したファイルを開き、2枚目のスライドの最後に「**これ以外にも便利な特長がたくさんあります。**」という文字を追加してみましょう。
　　※第1レベルの「箇条書き」に変更し、「下線」をOFFにします。

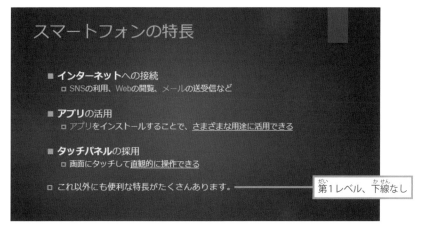

第1レベル、下線なし

（2）手順（1）で入力した段落の**行頭文字**を削除し、文字サイズ「**18pt**」、配置「**右揃え**」を指定してみましょう。
　　《作業後、ファイルの上書き保存を行い、ファイルを更新しておきます》

# Step 10 スライド操作と自動調整オプション

ステップ10では、スライドを並べ替えたり、スライドを削除したりする方法を学習します。また、「コンテンツの領域」の自動調整オプションについても解説します。

## 10.1 スライドの並べ替え

スライドは「発表時に表示する順番」で作成していくのが基本です。とはいえ、途中でスライドの順番を並べ替えたくなる場合もあるでしょう。このような場合は、**スライド一覧でスライドを上下にドラッグ＆ドロップ**すると、スライドの順番を並べ替えられます。

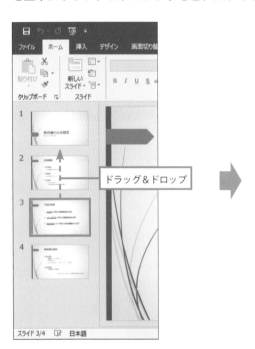
ドラッグ＆ドロップ

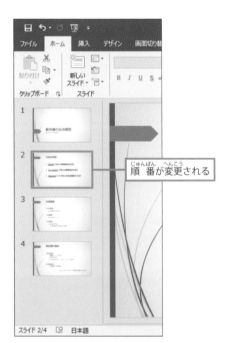
順番が変更される

## 10.2 スライドの削除

続いては、スライドを削除する方法を解説します。作成したスライドを削除するときは、そのスライドを**右クリック**し、「**スライドの削除**」を選択します。

42

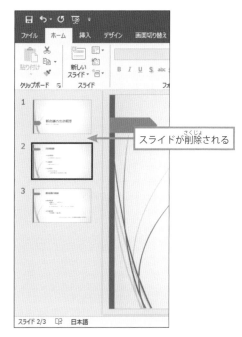

## 10.3　好きな位置にスライドを挿入

　続いては、好きな位置にスライドを挿入する方法を解説します。［ホーム］タブにある「新しいスライド」は、「選択しているスライドの後」にスライドを挿入する機能となります。このため、2枚目のスライドを選択した状態で「新しいスライド」のアイコンをクリックすると、2枚目と3枚目の間に新しいスライドを挿入できます。

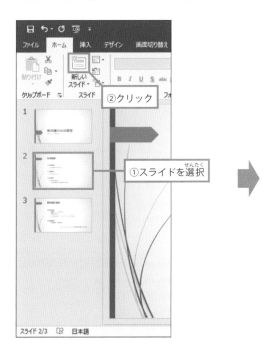

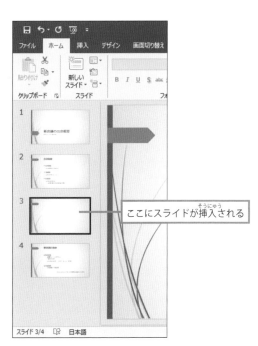

## 10.4　自動調整オプションについて

　ここからは、「**コンテンツの領域**」について解説していきます。「**コンテンツの領域**」には、文字サイズを自動調整する機能が装備されています。このため、「**コンテンツの領域**」に多くの文字を入力すると、すべての文字が領域内に収まるように、文字サイズが自動調整されます。この自動調整を無効にするときは ⬜ （**自動調整オプション**）をクリックし、「**このプレースホルダーの自動調整をしない**」を選択します。

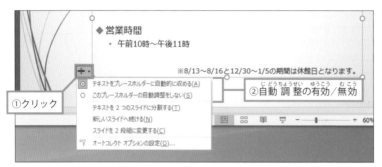

すべての文字が領域内に収まらないときは、左下に ⬜ が表示されます。このアイコンをクリックすると、自動調整の有効／無効を切り替えられます。

①クリック　　②自動調整の有効／無効

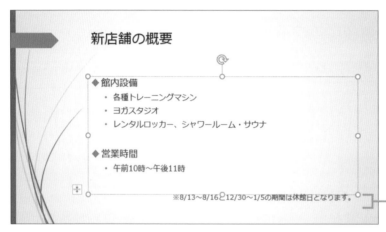

自動調整を無効にすると、「コンテンツの領域」から文字がはみ出して配置されます。この場合、すべての文字が領域内に収まるように、文字サイズを指定しなおす必要があります。

文字がはみ出して配置される

## 10.5　「コンテンツの領域」の移動とサイズ変更

　「**コンテンツの領域**」のサイズを変更することも可能です。自動調整により文字サイズが小さくなってしまった場合は、領域のサイズを大きくすると、そのぶんだけ文字サイズを大きくできます。

　「**コンテンツの領域**」のサイズを変更するときは、上下左右や四隅にある**ハンドル**をドラッグします。また、**領域を囲む点線**をドラッグすると、コンテンツの領域の位置を移動できます。

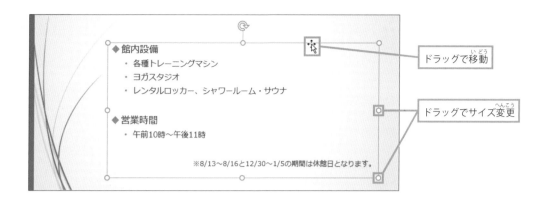

## 10.6 「コンテンツの領域」を最初の状態に戻す

　コンテンツの領域を最初の状態に戻したいときは、[ホーム] タブにある （リセット）をクリックします。なお、このコマンドをクリックすると、文字や段落の書式も初期状態にリセットされます。

・・・・・・・・・・・・・・ 演 習 ・・・・・・・・・・・・・・

（1）ステップ09の演習（2）で保存したファイルを開き、3枚目のスライドとして以下の図のようなスライドを作成してみましょう。
　　※「コンテンツの領域」の文字サイズを28ポイントに変更します。

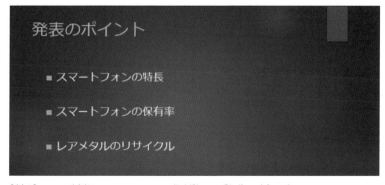

（2）演習（1）で作成したスライドの順番を2枚目に並べ替えてみましょう。
（3）3枚目のスライド（スマートフォンの特長）を選択し、「コンテンツの領域」のサイズを上下に大きくしてみましょう。
　　《作業後、ファイルの上書き保存を行い、ファイルを更新しておきます》

# Step 11

## 画像や動画の挿入
（がぞう）（どうが）（そうにゅう）

ステップ11では、スライドに「画像」や「動画」を配置する方法を学習します。この操作手順は大きく分けて2種類あります。それぞれの違いについても、よく理解しておくようにしてください。

## 11.1 「コンテンツの領域」に画像を配置

「コンテンツの領域」は画像の配置にも利用できます。画像を配置するときは 🖼 （図）のアイコンをクリックし、以下のように操作します。

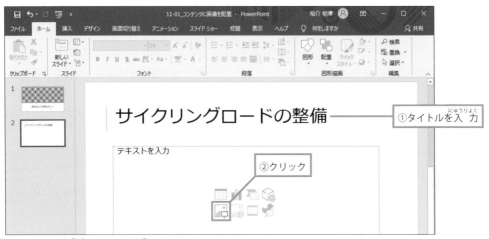

コンテンツの領域にある 🖼 （図）をクリックします。

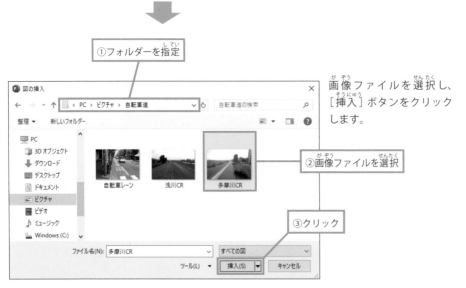

画像ファイルを選択し、［挿入］ボタンをクリックします。

「コンテンツの領域」に画像が挿入されます。

## 11.2 スライドに画像を挿入

すでに「コンテンツの領域」に文字を入力している場合は、[挿入] タブにある「画像」をクリックしてスライドに画像を挿入します。

[挿入] タブにある「画像」をクリックし、「このデバイス」を選択します。続いて、画像ファイルを選択し、[挿入] ボタンをクリックします。

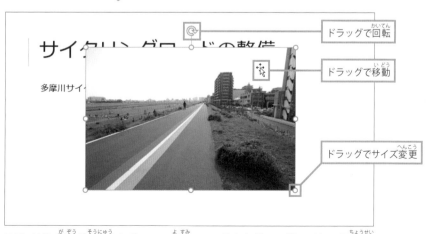

スライドに画像が挿入されるので、四隅のハンドルをドラッグしてサイズを調整し、画像をドラッグして位置を移動します。

## 11.3 [書式]タブで画像を編集

　スライド上に表示されている画像をクリックして選択すると、図ツールの[書式]タブを利用できるようになります。このタブを使って画像を加工することも可能です。ここでは、よく使用されるコマンドについて簡単に紹介しておきます。

図ツールの[書式]タブ

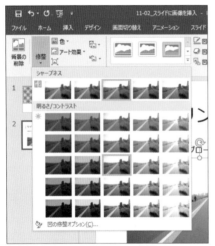

「修整」をクリックすると、画像のシャープネス（鮮明さ）、明るさ、コントラストを補正できます。

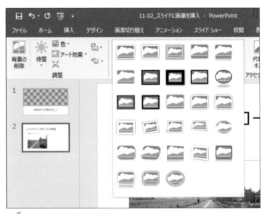

「図のスタイル」の▽をクリックすると、このような一覧が表示されます。この中から好きなデザインを選択し、画像を加工することも可能です。

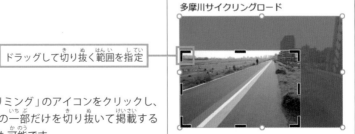

「トリミング」のアイコンをクリックし、画像の一部だけを切り抜いて掲載することも可能です。

48

## 11.4 「コンテンツの領域」に動画を配置

　スライドに動画を挿入することも可能です。動画を挿入するときは、「コンテンツの領域」にある ▣ (ビデオの挿入) をクリックし、以下のように操作します。

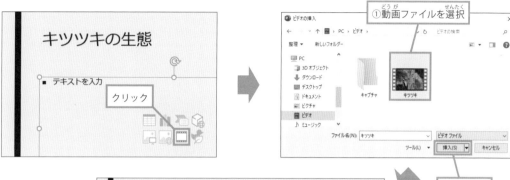

☞ ワンポイント

[挿入] タブの「ビデオ」
すでに「コンテンツの領域」に文字を入力している場合は、[挿入] タブにある「ビデオ」をクリックしてスライドに動画を挿入します。

「コンテンツの領域」に動画が挿入されます。

演 習

（1）PowerPointを起動し、**2枚目のスライド**に以下のようなスライドを作成してみましょう。

※「レトロスペクト」のテーマを適用します
※1枚目のスライドは白紙のままで構いません。
※この演習で使用する画像ファイルは、以下のURLからダウンロードできます。

http://cutt.jp/books/978-4-87783-791-4/

# 表の作成と編集（1）

調査結果などを発表するときに、データを表にまとめて示す場合もあります。続いては、スライド（コンテンツの領域）に表を作成するときの操作手順を学習していきます。

## 12.1 「コンテンツの領域」に表を作成

表を含むスライドを作成するときも「**コンテンツの領域**」を利用します。この場合は、「コンテンツの領域」にある ▦（**表の挿入**）をクリックし、**列数**と**行数**を指定して表を作成します。

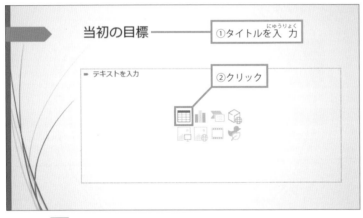

「コンテンツの領域」にある ▦（表の挿入）をクリックします。

表の列数と行数を指定し、[OK] ボタンをクリックします。

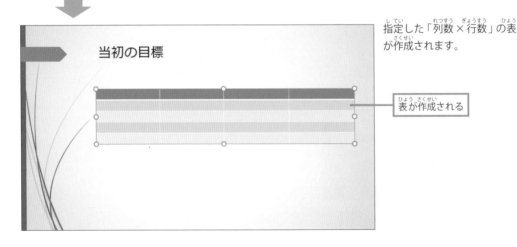

指定した「列数×行数」の表が作成されます。

表が作成される

## 12.2　表内の文字入力

　続いて、作成した表に文字を入力していきます。表内に文字を入力するときは、マウスとキーボードを使って、以下のように操作します。

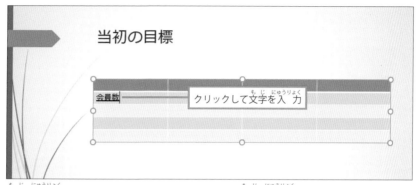

文字を入力するセルをクリックし、キーボードから文字を入力します。

同様の操作を繰り返して文字を入力していくと、表の基本が完成します。

## 12.3　表のサイズ変更と移動

　表の四隅や上下左右にある**ハンドル**をドラッグすると、表のサイズを変更できます。スライドの下部に大きな余白がある場合は、下のハンドルをドラッグして表のサイズを大きくします。なお、表の位置を移動させるときは、表を囲む枠線をドラッグします。

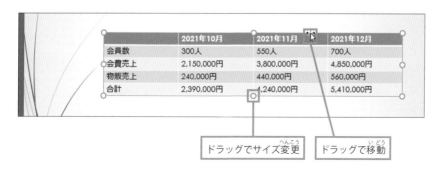

ドラッグでサイズ変更　ドラッグで移動

## 12.4　スライドに表を挿入

すでに「コンテンツの領域」に文字を入力している場合は、[挿入] タブを利用して表を作成します。

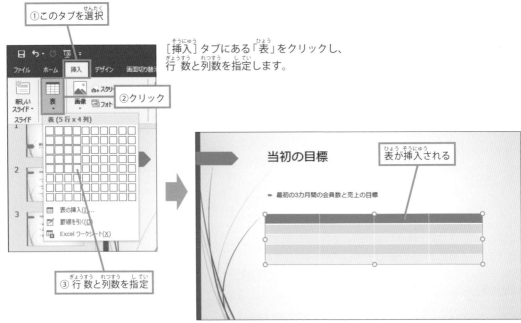

[挿入] タブにある「表」をクリックし、行数と列数を指定します。

スライドに表が挿入されます。前ページに示した手順で表に文字を入力し、サイズと位置を調整します。

## 12.5　行、列の追加

表を作成したあとで、行や列が足りないことに気付く場合もあります。このような場合は、表ツールの [レイアウト] タブを利用すると、好きな位置に行や列を追加できます。

表内をクリックすると、表ツールの [デザイン] タブと [レイアウト] タブが利用可能になります。行や列の追加は [レイアウト] タブで行います。

行や列が追加される場所は「カーソルがあるセル」が基準になります。たとえば、「下に行を挿入」をクリックすると、次ページのように行が追加されます。

カーソル位置

ここに行が追加される

## 12.6　行、列の削除

　行や列を削除したい場合もあると思います。この場合は、表ツールの［レイアウト］タブにある「削除」をクリックし、削除する対象（行または列）を選択します。なお、この操作で削除されるのは「カーソルがある行または列」となります。

②クリック

③削除する対象を選択

①このタブを選択

演 習

（1）ステップ10の演習（3）で保存したファイルを開き、4枚目のスライドとして、以下の図のようなスライドを作成してみましょう。

スマートフォンの保有率

| | 2012年 | 2013年 | 2014年 | 2015年 | 2016年 | 2017年 | 2018年 |
|---|---|---|---|---|---|---|---|
| 20代 | 79.7% | 89.8% | 94.5% | 98.4% | 99.4% | 97.1% | 95.9% |
| 40代 | 63.4% | 78.1% | 83.8% | 88.8% | 90.7% | 94.1% | 95.0% |
| 60代 | 33.0% | 49.3% | 47.7% | 64.2% | 63.5% | 69.5% | 78.3% |

◆漢字の読み
保有率、年、代

（2）スライドの余白が小さくなるように、表のサイズ（高さ）を大きくしてみましょう。
　　《作業後、ファイルの上書き保存を行い、ファイルを更新しておきます》

# 13

# 表の作成と編集（2）

続いては、表のデザインを変更したり、表内の文字の書式を変更したりする
方法を学習します。見やすい表になるように、それぞれの指定方法をよく理
解しておいてください。

## 13.1　表のスタイル

PowerPointには、表のデザインを手軽に変更できる「**表のスタイル**」が用意されています。こ
の機能を使って表のデザインを変更するときは、**表ツール**の［**デザイン**］タブを利用します。

表ツールの［デザイン］タ
ブを選択し、「表のスタイ
ル」の ▽ をクリックしま
す。

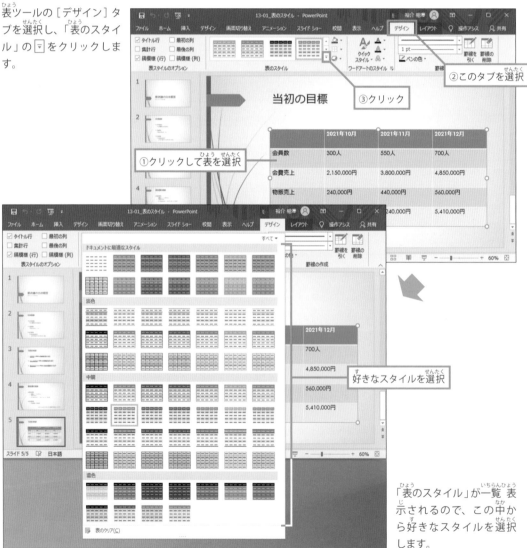

「表のスタイル」が一覧表
示されるので、この中か
ら好きなスタイルを選択
します。

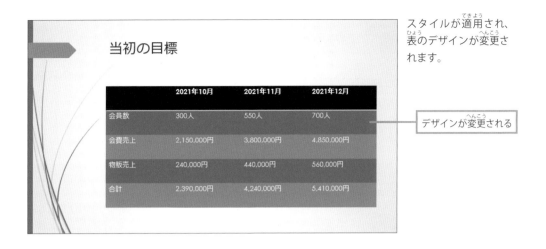

スタイルが適用され、表のデザインが変更されます。

デザインが変更される

## 13.2　表スタイルのオプション

　「表スタイルのオプション」を使って、「左端の列」や「一番下の行」を強調することも可能です。各項目をONにすると、「表の書式」が以下のように変更されます。

指定する項目をONにする

タイトル行 ………… 「一番上の行」を強調（初期値：ON）
最初の列 …………… 「左端の列」を強調
集計行 ……………… 「一番下の行」を強調
最後の列 …………… 「右端の列」を強調
縞模様（行） ……… 1行おきに縞模様（初期値：ON）
縞模様（列） ……… 1列おきに縞模様

　たとえば「最初の列」と「集計行」をONにすると、以下の図のように表のデザインを変更できます。

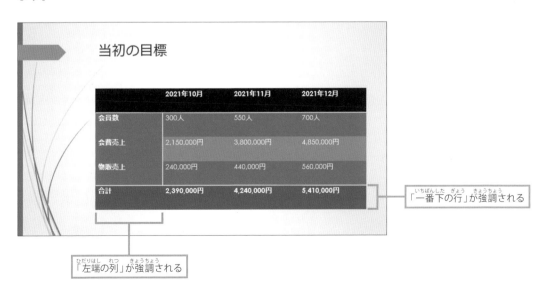

「一番下の行」が強調される

「左端の列」が強調される

## 13.3　セル内の文字の配置

　表内の数値は「右揃え」で配置すると表が見やすくなります。セル内の文字の配置は表ツールの[レイアウト]タブにある6個のアイコンをで指定します。

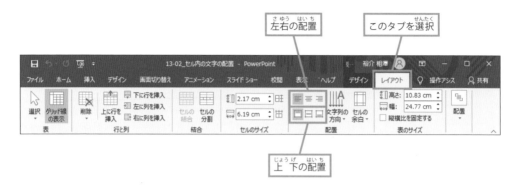

　これらの書式指定が適用されるセルは、選択されているセルとなります。

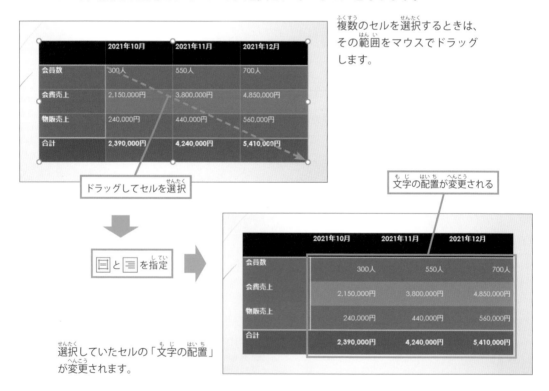

複数のセルを選択するときは、その範囲をマウスでドラッグします。

ドラッグしてセルを選択

文字の配置が変更される

囲と≡を指定

選択していたセルの「文字の配置」が変更されます。

## 13.4　表内の文字の書式

　表内にある文字のフォントや文字サイズ、太字／斜体／下線などを指定することも可能です。文字の書式を変更するときは、対象となるセル（または文字）を選択し、[ホーム]タブで書式を指定します。

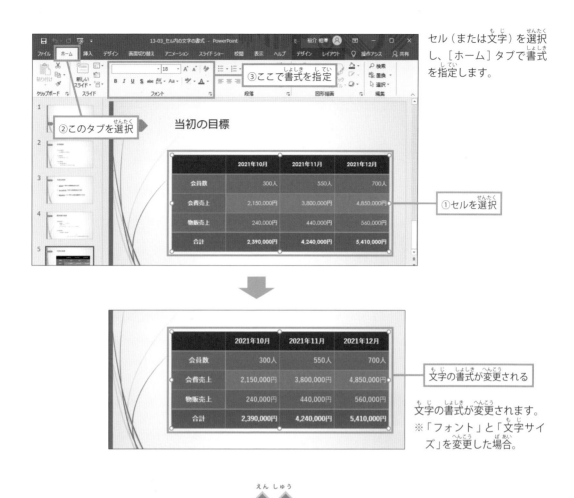

セル（または文字）を選択し、［ホーム］タブで書式を指定します。

② このタブを選択

③ ここで書式を指定

当初の目標

① セルを選択

文字の書式が変更される

文字の書式が変更されます。
※「フォント」と「文字サイズ」を変更した場合。

---

## 演習

(1) ステップ12の演習（2）で保存したファイルを開き、4枚目のスライドにある表に「中間スタイル3 - アクセント3」のスタイルを適用してみましょう。

(2) 表の最初の列を強調し、縞模様（行）を「なし」に変更してみましょう。

(3) セル内の文字の配置を以下の図のように変更してみましょう。

(4) 表内の文字サイズを20ptに変更してみましょう。

《作業後、ファイルの上書き保存を行い、ファイルを更新しておきます》

スマートフォンの保有率

文字は中央揃え

上下中央に配置
文字サイズ：20pt

数値は右揃え

| | 2012年 | 2013年 | 2014年 | 2015年 | 2016年 | 2017年 | 2018年 |
|---|---|---|---|---|---|---|---|
| 20代 | 79.7% | 89.8% | 94.5% | 98.4% | 99.4% | 97.1% | 95.9% |
| 40代 | 63.4% | 78.1% | 83.8% | 88.8% | 90.7% | 94.1% | 95.0% |
| 60代 | 33.0% | 49.3% | 47.7% | 64.2% | 63.5% | 69.5% | 78.3% |

# Step 14 表の作成と編集（3）

スライドに作成した表は、「セルの背景色」を変更したり、「罫線の書式」を変更したりすることが可能です。続いては、表をカスタマイズする方法を解説します。

## 14.1 セルの「幅」と「高さ」の変更

それぞれの列の幅や行の高さを変更することも可能です。この操作は、列や行を区切る罫線をドラッグすると実行できます。

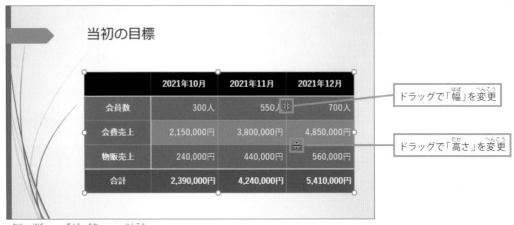

「列の幅」と「行の高さ」の変更

## 14.2 「幅」や「高さ」を均一に揃える

**セルのサイズ**
「列の幅」や「行の高さ」を数値で指定するときは、表ツールの［レイアウト］タブにある「セルのサイズ」に数値を入力します。

列の幅や行の高さを均一に揃えるコマンドも用意されています。表の一部分について、「幅」や「高さ」を揃えたい場合に活用するとよいでしょう。

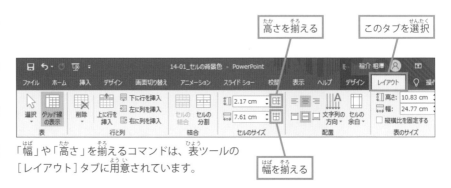

「幅」や「高さ」を揃えるコマンドは、表ツールの［レイアウト］タブに用意されています。

たとえば、「列の幅」を均一に揃えるときは、以下のように操作します。

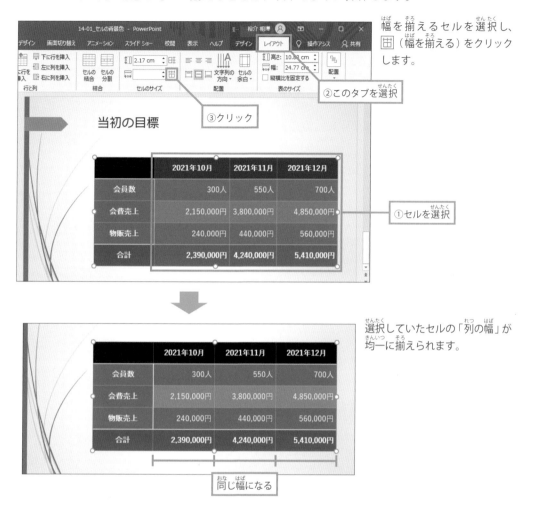

幅を揃えるセルを選択し、
田（幅を揃える）をクリック
します。

②このタブを選択

③クリック

①セルを選択

選択していたセルの「列の幅」が
均一に揃えられます。

同じ幅になる

## 14.3 「セルの背景色」の指定

表ツールの［デザイン］タブには、各セルの背景色を指定できる 🖌（塗りつぶし）が用意されています。このコマンドは、表のデザインを変更するときなどに活用できます。

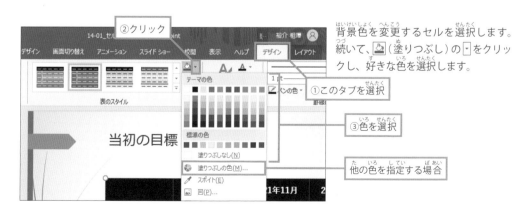

②クリック

背景色を変更するセルを選択します。
続いて、🖌（塗りつぶし）の・をクリックし、好きな色を選択します。

①このタブを選択

③色を選択

他の色を指定する場合

## 14.4 「罫線の書式」の指定

　表の罫線の書式を変更することも可能です。罫線の書式を指定するときは、表ツールの［デザイン］タブを選択して、以下のように操作します。

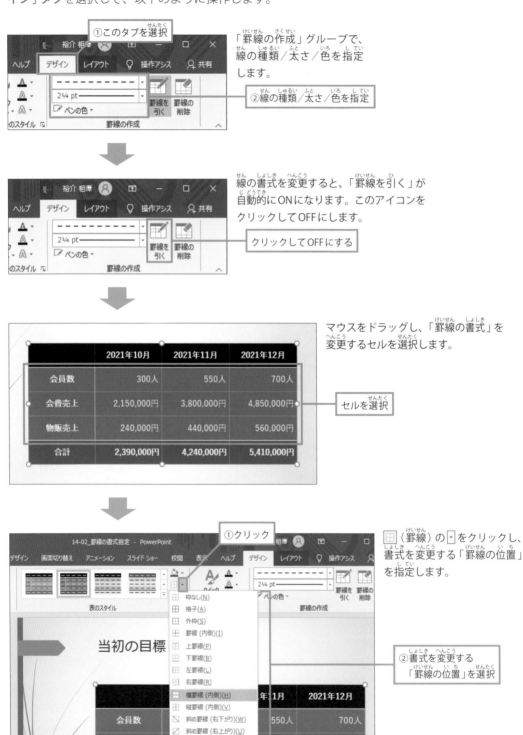

①このタブを選択

「罫線の作成」グループで、線の種類／太さ／色を指定します。

②線の種類／太さ／色を指定

線の書式を変更すると、「罫線を引く」が自動的にONになります。このアイコンをクリックしてOFFにします。

クリックしてOFFにする

マウスをドラッグし、「罫線の書式」を変更するセルを選択します。

|  | 2021年10月 | 2021年11月 | 2021年12月 |
|---|---|---|---|
| 会員数 | 300人 | 550人 | 700人 |
| 会費売上 | 2,150,000円 | 3,800,000円 | 4,850,000円 |
| 物販売上 | 240,000円 | 440,000円 | 560,000円 |
| 合計 | 2,390,000円 | 4,240,000円 | 5,410,000円 |

セルを選択

①クリック

（罫線）の▼をクリックし、書式を変更する「罫線の位置」を指定します。

- 枠なし(N)
- 格子(A)
- 外枠(S)
- 罫線 (内側)(I)
- 上罫線(P)
- 下罫線(B)
- 左罫線(L)
- 右罫線(R)
- 横罫線 (内側)(H)
- 縦罫線 (内側)(V)
- 斜め罫線 (右下がり)(W)
- 斜め罫線 (右上がり)(U)

②書式を変更する「罫線の位置」を選択

当初の目標

**ワンポイント**

**マウスを使った書式指定**
「罫線を引く」をONにしたまま、罫線の上をなぞるようにドラッグして書式を指定することも可能です。ただし、罫線を正確になぞるのが難しいため、⊞（罫線）のコマンドを使った方が確実です。

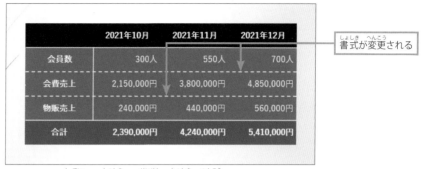

書式が変更される

「あらかじめ指定した書式」に罫線の書式が変更されます。

## 14.5　罫線の削除

　罫線を削除するときは、線の種類に「罫線なし」を指定します。続いて、セルを選択し、⊞（罫線）で「罫線を削除する位置」を指定します。なお、「罫線の削除」を使うと、罫線が削除されるだけでなく、「隣り合うセルの結合」が行われることに注意してください。

罫線を削除する場合

隣接するセルを結合するコマンド

**演習**

(1) ステップ13の演習（4）で保存したファイルを開き、4枚目のスライドにある「20代」～「60代」のセルの背景色を「オレンジ、アクセント3、黒＋基本色25%」に変更してみましょう。

(2) 罫線の書式を以下の図のように変更してみましょう。
　《作業後、ファイルの上書き保存を行い、ファイルを更新しておきます》

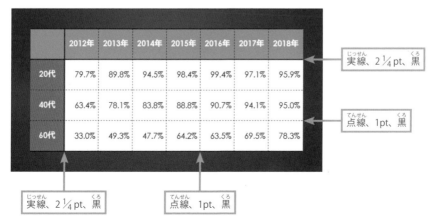

実線、2 $\frac{1}{4}$ pt、黒

点線、1pt、黒

実線、2 $\frac{1}{4}$ pt、黒

点線、1pt、黒

# Step 15 グラフの作成と編集（1）

グラフを作成することにより、データが変化していく様子をわかりやすく示すことも可能です。ここからは、スライドにグラフを作成する方法を学習していきます。

## 15.1 「コンテンツの領域」にグラフを作成

グラフを作成するときも「コンテンツの領域」を利用します。「コンテンツの領域」にグラフを作成するときは、📊（グラフの挿入）をクリックし、以下のように操作します。

👉 **ワンポイント**

**グラフの挿入**
すでに「コンテンツの領域」に文字を入力している場合は、［挿入］タブにある「グラフ」をクリックして、スライドにグラフを挿入します。

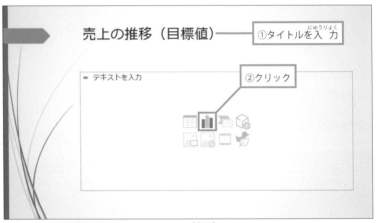

「コンテンツの領域」にある📊（グラフの挿入）をクリックします。

作成するグラフの種類と形式を選択し、［OK］ボタンをクリックします。

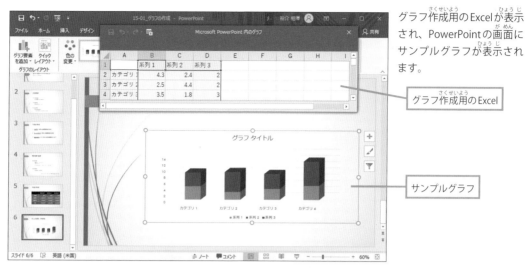

グラフ作成用のExcelが表示され、PowerPointの画面にサンプルグラフが表示されます。

グラフ作成用のExcel

サンプルグラフ

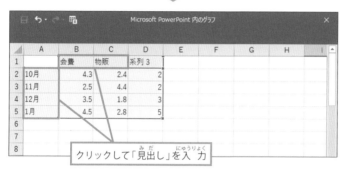

まずは、グラフの「見出し」を入力します。「系列1」、「系列2」や「カテゴリ1」、「カテゴリ2」などの文字を、作成するグラフの「見出し」に変更します。

クリックして「見出し」を入力

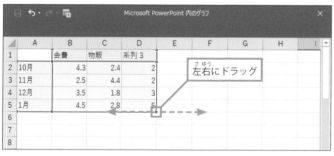

「系列の数」を変更するときは、⊞を左右にドラッグして「グラフ化するセル範囲」を変更します。

左右にドラッグ

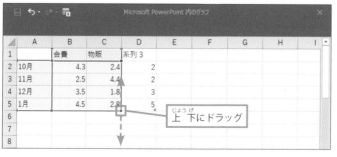

同様に、「カテゴリの数」を変更するときは、⊞を上下にドラッグして「グラフ化するセル範囲」を変更します。

上下にドラッグ

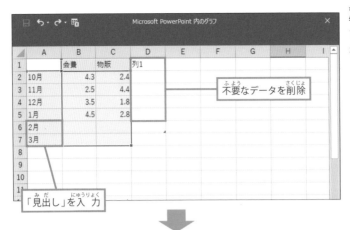

必要に応じて「見出し」を追加入力します。また、この時点で不要なデータを削除しておきます。

不要なデータを削除

「見出し」を入力

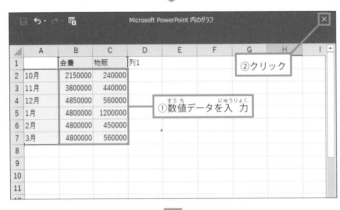

続いて、グラフの数値データを入力します。すべてのデータを入力できたら ✕ をクリックし、Excelを終了します。

②クリック

①数値データを入力

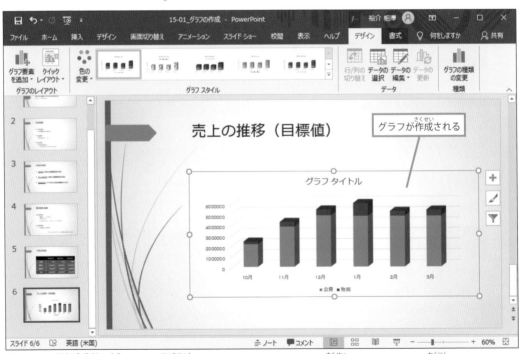

売上の推移（目標値）

グラフが作成される

スライドの編集画面に戻るので、「入力したデータ」をもとにグラフが作成されていることを確認します。

## 15.2　グラフのサイズ変更と移動

グラフの四隅や上下左右にあるハンドルをドラッグすると、グラフのサイズを変更できます。また、グラフを囲む枠線をドラッグすると、グラフの位置を移動できます。

 ワンポイント

**データの修正**
グラフのデータを修正するときは、グラフ ツールの［デザイン］タブを選択し、「データの編集」をクリックします。するとグラフ編集用のExcel が再び表示され、データを修正できるようになります。

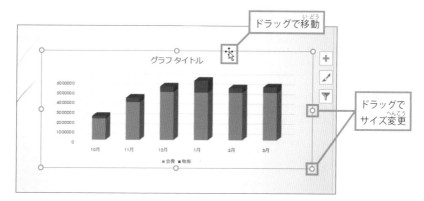

演習

（1）ステップ14の演習（2）で保存したファイルを開き、**5枚目のスライドとして**下図のようなスライドを作成してみましょう。

《**作業後、ファイルの上書き保存を行い、ファイルを更新しておきます**》

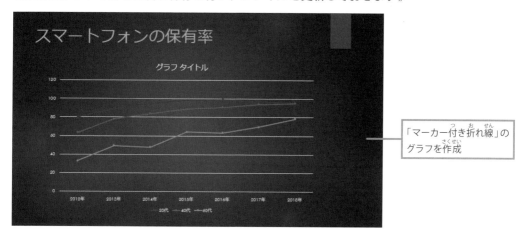

「マーカー付き折れ線」のグラフを作成

◆漢字の読み
保有率、年、代

| | A | B | C | D | E | F | G | H |
|---|---|---|---|---|---|---|---|---|
| 1 | | 20代 | 40代 | 60代 | | | | |
| 2 | 2012年 | 79.7 | 63.4 | 33 | | | | |
| 3 | 2013年 | 89.8 | 78.1 | 49.3 | | | | |
| 4 | 2014年 | 94.5 | 83.8 | 47.7 | | | | |
| 5 | 2015年 | 98.4 | 88.8 | 64.2 | | | | |
| 6 | 2016年 | 99.4 | 90.7 | 63.5 | | | | |
| 7 | 2017年 | 97.1 | 94.1 | 69.5 | | | | |
| 8 | 2018年 | 95.9 | 95 | 78.3 | | | | |
| 9 | | | | | | | | |

グラフ作成用のデータ

# Step 16 グラフの作成と編集（2）

グラフ内に表示する要素を変更したり、グラフ全体のデザインを変更したりすることも可能です。続いては、グラフをカスタマイズする方法を学習します。

## ■ 16.1 グラフに表示する要素

グラフをクリックして選択すると、右側に3つのアイコンが表示されます。これらのうち、一番上にある ⊞（グラフ要素）は、「グラフ内に表示する要素」を変更するときに利用します。

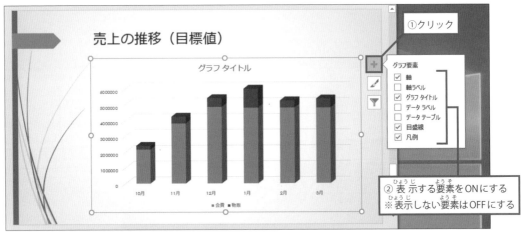

⊞（グラフ要素）をクリックすると、グラフ内に表示する要素を指定できます。

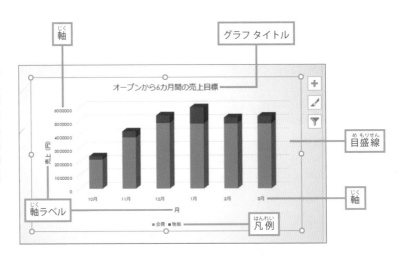

**ワンポイント**

**数値データの表示**
「データ ラベル」または「データ テーブル」をONにすると、各データの数値をグラフ内に表示できます。

グラフ タイトルと軸ラベルの文字は、グラフの内容に合わせて自由に変更できます。文字を変更するときは、各要素をクリックして選択し、キーボードから文字を入力します。

## 16.2　グラフ要素のサブメニュー

⊞（グラフ要素）をクリックし、各項目の右側にマウスを移動すると、▶のアイコンが表示されます。このアイコンをクリックすると、「縦軸だけに要素を表示する」、「要素の位置を指定する」などの操作が行えるようになります。

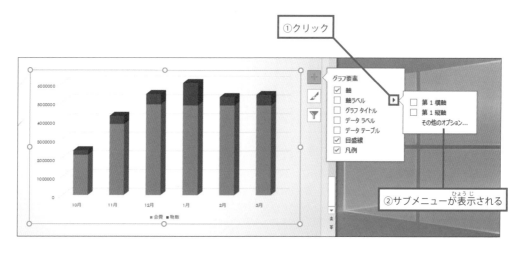

たとえば、縦軸だけに軸ラベルを表示したり、凡例を右に配置したりするときは、以下のように操作します。

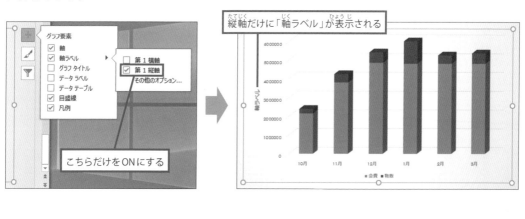

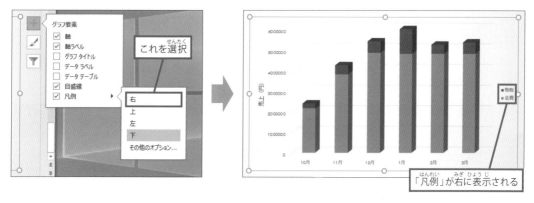

## 16.3 グラフ スタイルの変更

グラフ全体のデザインを変更するときは、🖌（グラフ スタイル）をクリックし、一覧から好きなスタイルを選択します。

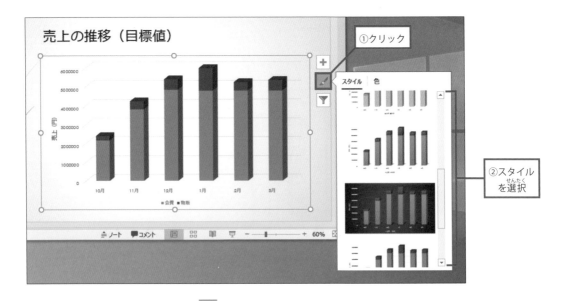

同様の操作をグラフ ツールの［デザイン］タブで行うことも可能です。この場合は、「グラフスタイル」の▽をクリックし、一覧からスタイルを選択します。

## 16.4 グラフ フィルターの活用

▼（グラフ フィルター）のアイコンは、不要なデータをグラフから除外するときに利用します。このアイコンをクリックし、除外したい項目をOFFにすると、そのデータを除いたグラフに変更できます。

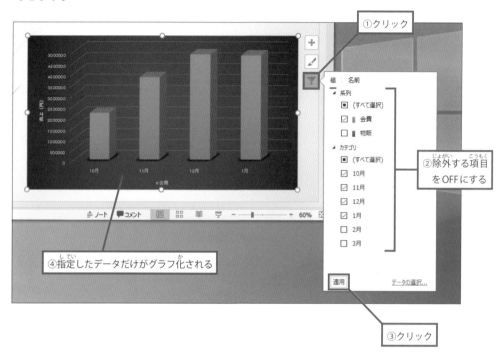

演習

（1）ステップ15の演習（1）で保存したファイルを開き、5枚目のスライドにあるグラフのグラフ スタイルを「スタイル2」に変更してみましょう。

（2）グラフ内に表示する要素を下図のように変更し、縦軸の軸ラベルに「保有率（％）」と入力してみましょう。
《作業後、ファイルの上書き保存を行い、ファイルを更新しておきます》

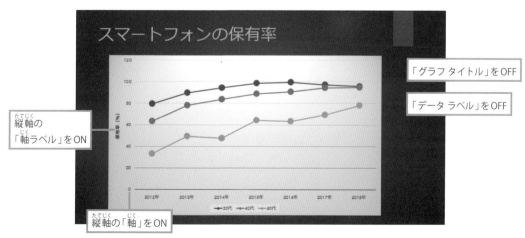

# グラフの作成と編集（3）

続いては、グラフの色を変更したり、各要素の書式を指定したりする方法を学習します。グラフを自由に加工できるように、それぞれのカスタマイズ方法を覚えておいてください。

## ■ 17.1 色の変更

グラフ全体の色を変更するときは、**グラフ ツール**の［**デザイン**］タブにある「**色の変更**」を利用します。この一覧から好きな「色の組み合わせ」を選択すると、グラフ全体の色を手軽に変更できます。

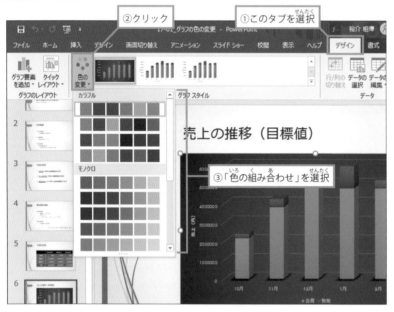

グラフ ツールの［デザイン］タブにある「色の変更」をクリックし、一覧から好きな「色の組み合わせ」を選択します。

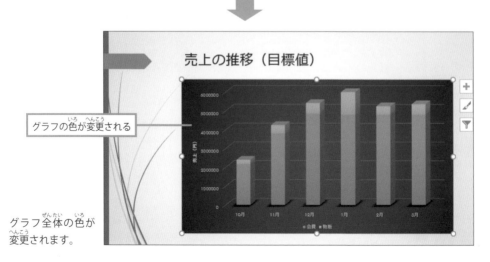

グラフ全体の色が変更されます。

## 17.2　系列の色と線の書式

　グラフの**各系列の色**を個別に指定することも可能です。この場合は、右クリックメニューの「**塗りつぶし**」を使って色を指定します。

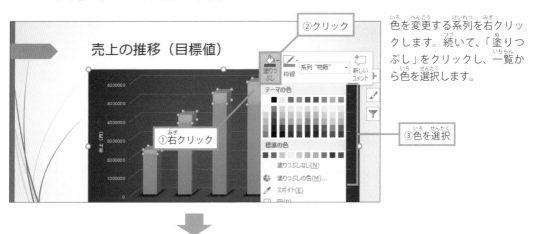

色を変更する系列を右クリックします。続いて、「塗りつぶし」をクリックし、一覧から色を選択します。

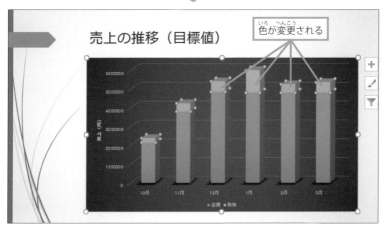

右クリックした系列の色を変更できます。

　なお、「**折れ線グラフ**」の線の書式を変更するときは、「**枠線**」をクリックして線の色、太さ、種類を指定します。

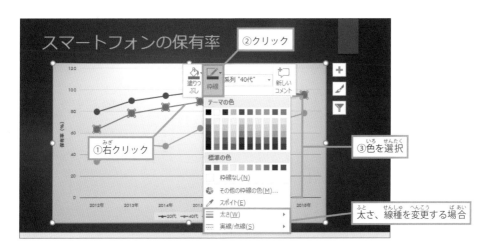

## 17.3 書式設定画面の表示

グラフ内にある要素を右クリックして「○○の書式設定」を選択すると、その要素の書式を指定できる設定画面が表示されます。たとえば、縦軸を右クリックして「軸の書式設定」を選択すると、以下の図のような設定画面が表示され、軸に表示する数値の最小値/最大値、目盛線の間隔、表示単位などを指定できるようになります。

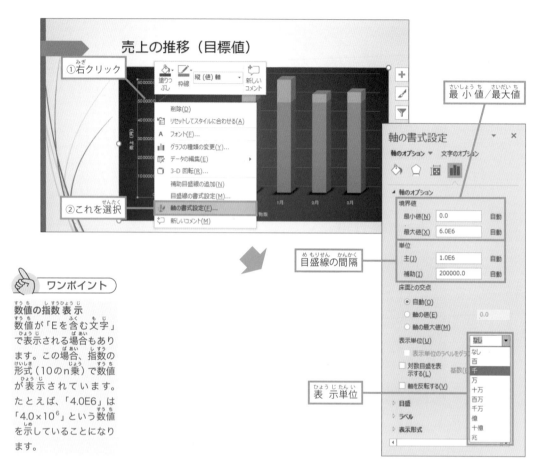

### ワンポイント

**数値の指数表示**
数値が「Eを含む文字」で表示される場合もあります。この場合、指数の形式（10のn乗）で数値が表示されています。たとえば、「4.0E6」は「$4.0 \times 10^6$」という数値を示していることになります。

表示単位を変更すると、縦軸に「千」や「百万」などの単位が表示されます。この表示をクリックして選択し、[Delete] キーで削除することも可能です。ただし、この場合は、軸ラベルなどに表示単位を追記しておくのを忘れないようにしてください。

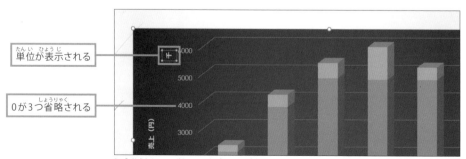

表示単位を「千」に変更した場合

## 17.4 グラフ内の文字の書式

　グラフ タイトルや軸ラベル、凡例に表示されている文字の書式を変更することも可能です。これらの書式は［ホーム］タブで指定します。

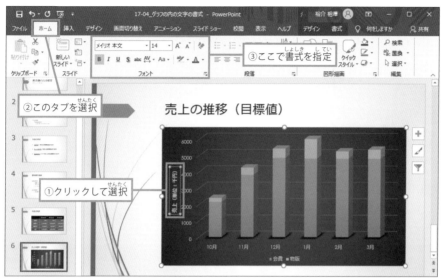

　「文字の書式」を指定するときは、要素をクリックして選択し、［ホーム］タブで書式を指定します。

演習

（1）ステップ16の演習（2）で保存したファイルを開き、5枚目のスライドにあるグラフの各系列の色を下図のように変更してみましょう。
　　※「塗りつぶし」と「枠線」の色を変更します。
（2）縦軸の「軸の書式設定」を開き、最小値を0、最大値を105、目盛間隔を10に変更してみましょう。
（3）軸ラベル、縦軸、横軸の文字の書式を「14pt、太字」に変更してみましょう。
　　《作業後、ファイルの上書き保存を行い、ファイルを更新しておきます》

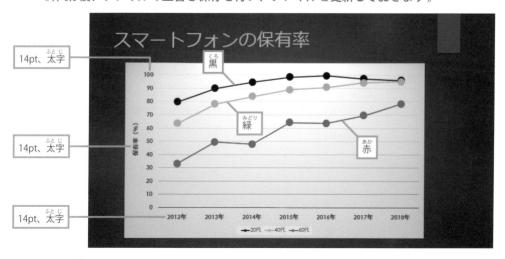

# SmartArtの作成と編集（1）

手順や仕組みなどを説明するときに、イメージ図を利用する場合もあります。
このような場合は、PowerPointに用意されているSmartArtを利用します。
ここからは、SmartArtの使い方を学習していきます。

## 18.1 SmartArtとは？

PowerPointには、「図形」と「文字」を組み合わせたイメージ図を作成できるSmartArtが用意されています。手順や構造、仕組みなどを示す場合に活用するとよいでしょう。
以下に具体的な例をいくつか紹介しておくので、SmartArtを活用するときの参考にしてください。

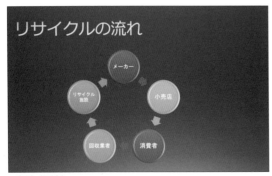

「基本の循環」のSmartArt

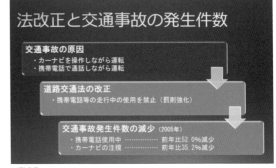

「段違いステップ」のSmartArt

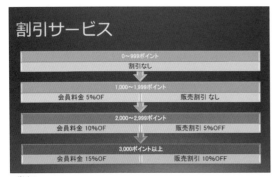

「分割ステップ」のSmartArt

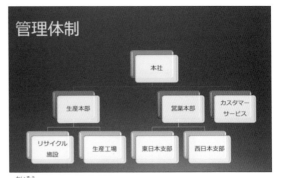

「階層」のSmartArt

## 18.2 「コンテンツの領域」にSmartArtを作成

　それでは、SmartArtを作成するときの操作手順を解説していきます。「コンテンツの領域」に SmartArtを作成するときは、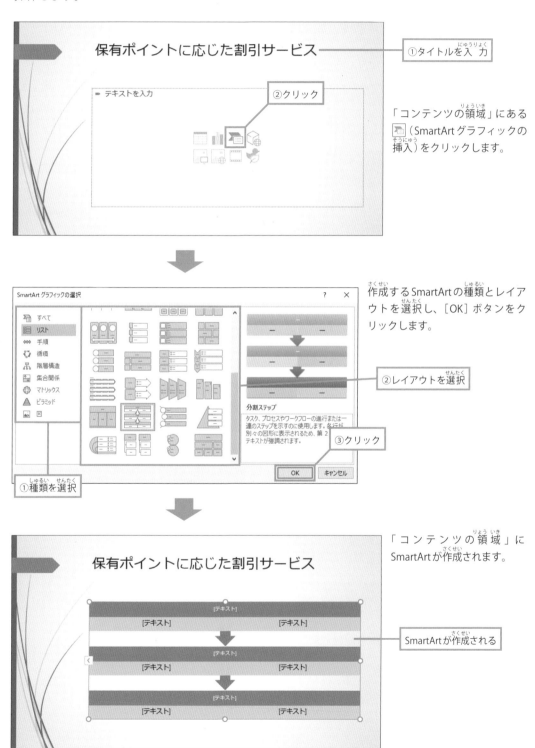（SmartArtグラフィックの挿入）をクリックし、以下のように 操作します。

①タイトルを入力

「コンテンツの領域」にある <br>（SmartArtグラフィックの 挿入）をクリックします。

②クリック

作成するSmartArtの種類とレイア ウトを選択し、[OK] ボタンをク リックします。

②レイアウトを選択

③クリック

①種類を選択

「コンテンツの領域」に SmartArtが作成されます。

SmartArtが作成される

## 18.3　SmartArtの文字入力

　続いては、SmartArtに文字を入力していきます。各図形に文字を入力するときは、［テキスト］と表示されている部分をクリックし、キーボードから文字を入力していきます。

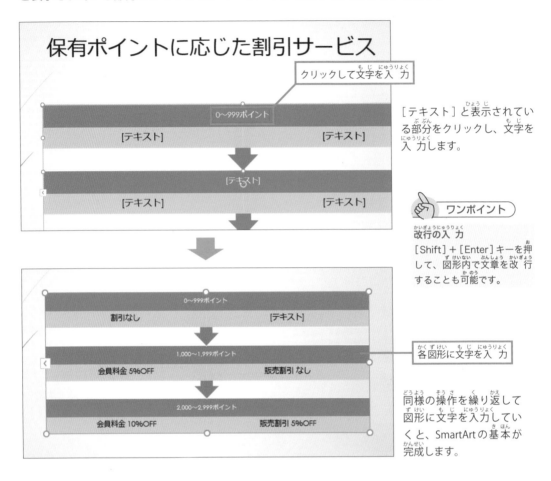

［テキスト］と表示されている部分をクリックし、文字を入力します。

ワンポイント

**改行の入力**
［Shift］+［Enter］キーを押して、図形内で文章を改行することも可能です。

各図形に文字を入力

同様の操作を繰り返して図形に文字を入力していくと、SmartArtの基本が完成します。

## 18.4　スライドにSmartArtを挿入

　すでに「コンテンツの領域」に文字を入力している場合は、［挿入］タブにある「SmartArt」をクリックしてSmartArtを挿入します。

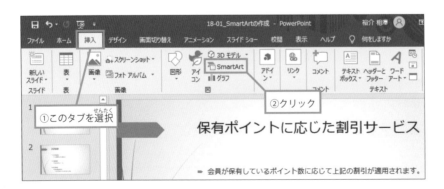

以降の操作手順は、「コンテンツの領域」にSmartArtを作成する場合と同じです。「種類」と「レイアウト」を選択してSmartArtを作成し、[テキスト]と表示されている部分をクリックして各図形に文字を入力していきます。

## 18.5　SmartArtのサイズ変更と移動

SmartArtもサイズや位置を自由に変更できます。サイズを変更するときは、四隅と上下左右にあるハンドルをドラッグします。位置を移動するときは、SmartArtを囲む枠線をドラッグします。

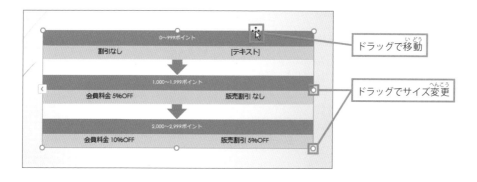

演 習

（1）ステップ17の演習（3）で保存したファイルを開き、6枚目のスライドとして、以下の図のようなスライドを作成してみましょう。
※不要な[テキスト]は[Delete]キーで削除します。
《作業後、ファイルの上書き保存を行い、ファイルを更新しておきます》

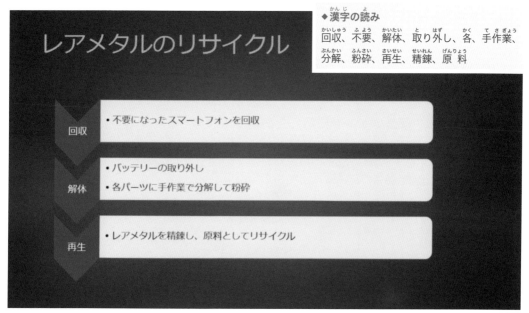

# Step 19 SmartArtの作成と編集（2）

続いては、図形内に入力した文字の書式を変更する方法を解説します。また、SmartArtに図形を追加したり、SmartArtから図形を削除したりする方法も解説します。

## ■ 19.1 図形内の文字の書式

それぞれの図形内に入力した文字は、その書式を自由に変更できます。文字や段落の書式は[ホーム]タブにあるコマンドで指定します。

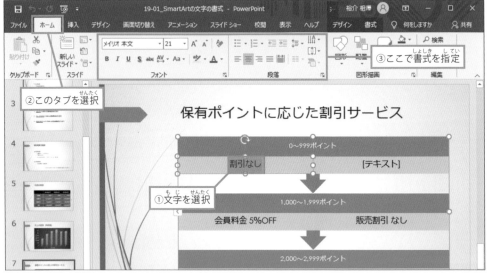

図形内の文字を選択し、[ホーム]タブで書式を指定します。

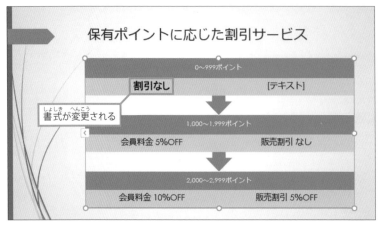

選択していた文字の書式が変更されます。

**書式の一括変更**
文字の書式をまとめて変更するときは、SmartArtの余白をクリックし、SmartArt全体を選択した状態で書式を指定します。

## 19.2 SmartArtに図形を追加

　SmartArtには、レイアウトに応じて適当な数の図形が配置されています。ただし、「図形の数」が必ずしも説明したい内容と一致しているとは限りません。図形が足りないときは、以下のように操作して図形を追加します。

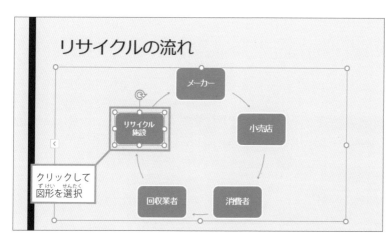

SmartArt内にある図形を選択します。

　ワンポイント

**図形の追加と文字サイズ**
SmartArtに図形を追加すると、それぞれの図形のサイズが小さくなり、図形内の文字サイズも自動調整されます。

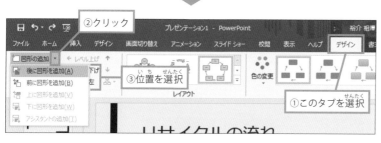

SmartArtツールの［デザイン］タブにある「図形の追加」の☑をクリックし、図形を追加する位置（前／後）を選択します。

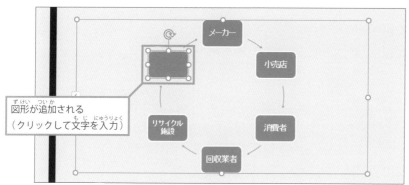

指定した位置に図形が追加されます。この図形に［テキスト］の表示はありませんが、図形内をクリックすると文字を入力できます。

## 19.3 レベルを指定した図形の追加

　それぞれの図形にレベルがあるSmartArtもあります。この場合は、「上に図形を追加」や「下に図形を追加」を選択することも可能となります。

これらも選択可能になる

以下に、**下位レベルの図形を追加**するときの操作例を示しておくので、実際に作業するときの参考としてください。

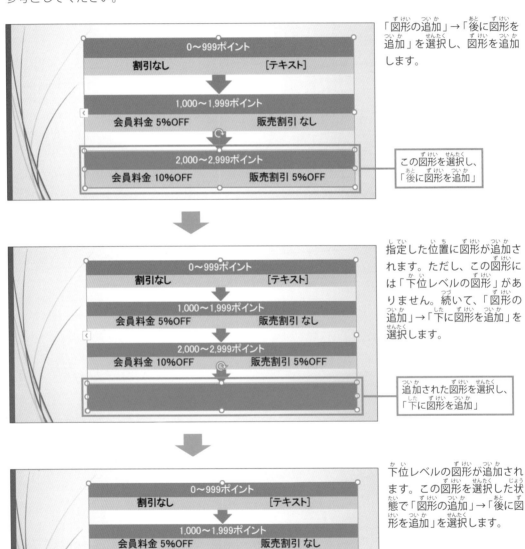

「図形の追加」→「後に図形を追加」を選択し、図形を追加します。

この図形を選択し、「後に図形を追加」

指定した位置に図形が追加されます。ただし、この図形には「下位レベルの図形」がありません。続いて、「図形の追加」→「下に図形を追加」を選択します。

追加された図形を選択し、「下に図形を追加」

下位レベルの図形が追加されます。この図形を選択した状態で「図形の追加」→「後に図形を追加」を選択します。

追加された図形を選択し、「後に図形を追加」

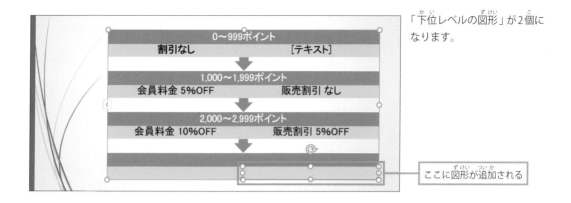
「下位レベルの図形」が2個に
なります。

ここに図形が追加される

## 19.4 SmartArtから図形を削除

図形の数が多すぎる場合は、[Delete] キーで図形を削除します。同様の手順で、「下位レベル
の図形」だけを削除することも可能です。

図形が削除される

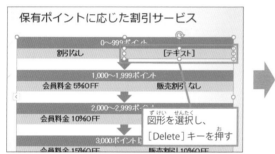

図形を選択し、
[Delete] キーを押す

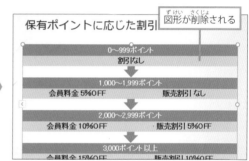

演 習

（1）PowerPointを起動し、**2枚目のスライド**に下図のようなスライドを作成してみましょう。
　　※1枚目のスライドは白紙で構いません。
　　※すべての図形内の文字に「22pt、太字」の書式を指定します。

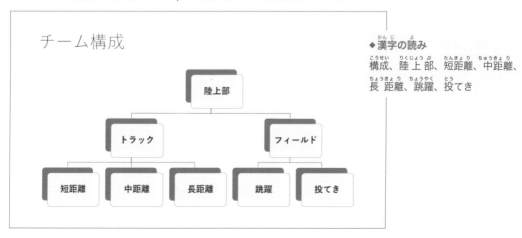

◆漢字の読み
構成、陸上部、短距離、中距離、
長距離、跳躍、投てき

## Step 20 SmartArtの作成と編集（3）

「色の変更」や「SmartArtのスタイル」、「図形のスタイル」を利用すると、SmartArtのデザインを変更できます。続いては、SmartArtのデザインを変更する方法を解説します。

### 20.1 色の変更

PowerPointには、SmartArt全体の色を変更できる「**色の変更**」が用意されています。このコマンドを使って「SmartArtの色」を変更するときは、以下のように操作します。

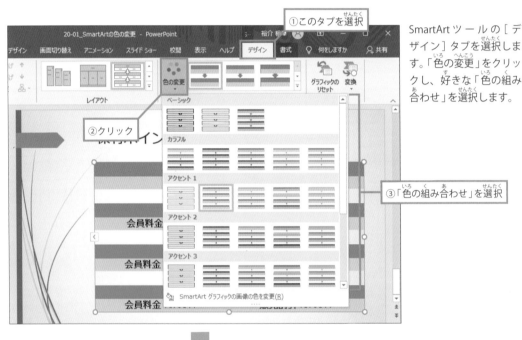

SmartArtツールの［デザイン］タブを選択します。「色の変更」をクリックし、好きな「色の組み合わせ」を選択します。

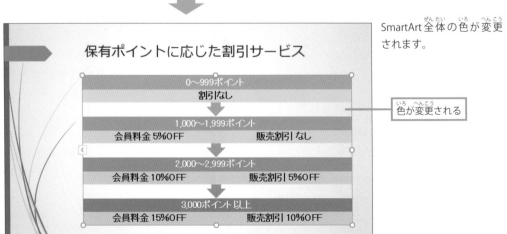

SmartArt全体の色が変更されます。

## 20.2 スタイルの変更

「SmartArtのスタイル」を変更すると、SmartArtを立体的に見せることができます。「SmartArtのスタイル」を変更するときは、以下のように操作します。

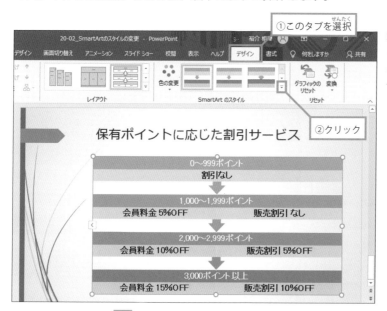

SmartArtツールの［デザイン］タブを選択し、「SmartArtのスタイル」の ▾ をクリックします。

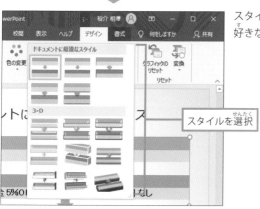

スタイルの一覧が表示されるので、好きなスタイルを選択します。

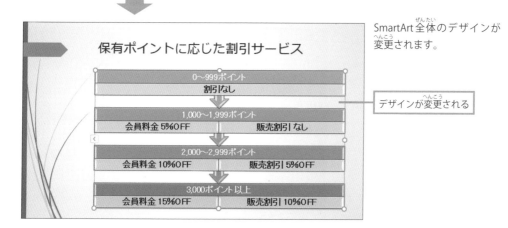

SmartArt全体のデザインが変更されます。

## 20.3　図形のスタイル

　SmartArtツールの［書式］タブは、SmartArt内にある各図形の書式を指定するときに利用します。たとえば、「図形のスタイル」を指定するときは、以下のように操作します。

図形をクリックして選択します。続いて、SmartArtツールの［書式］タブを選択し、「図形のスタイル」の▽をクリックします。

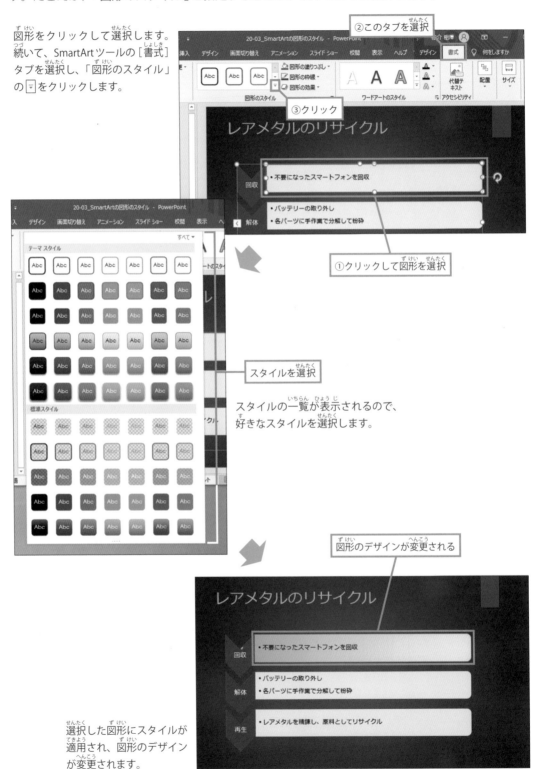

②このタブを選択

③クリック

①クリックして図形を選択

スタイルを選択

スタイルの一覧が表示されるので、好きなスタイルを選択します。

図形のデザインが変更される

選択した図形にスタイルが適用され、図形のデザインが変更されます。

## 20.4 図形の色、枠線、効果の指定

「図形の塗りつぶし」や「図形の枠線」、「図形の効果」を利用して、各図形のデザインを個別に指定していくことも可能です。

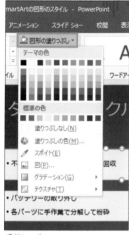

図形の塗りつぶし

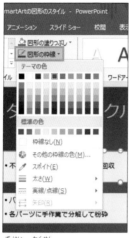

図形の枠線

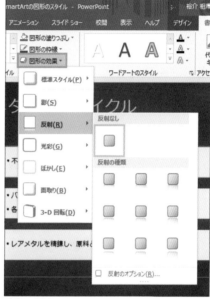

図形の効果

演習

（1）ステップ18の演習（1）で保存したファイルを開き、6枚目のスライドにあるSmartArtの色を「カラフル - 全アクセント」に変更してみましょう。

（2）SmartArtのスタイルを「パウダー」に変更してみましょう。

（3）SmartArt内にある3つの図形に、以下のような「図形のスタイル」を適用してみましょう。また、図形内の文字色を「白」に変更してみましょう。
《作業後、ファイルの上書き保存を行い、ファイルを更新しておきます》

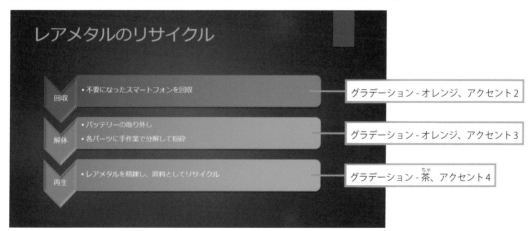

# Step 21

## 図形の描画と書式指定

ステップ21では、四角形や円、矢印、リボンなどの図形をスライドに描画する方法を解説します。また、描画した図形の塗りつぶし、枠線、効果といった書式を指定する方法も解説します。

### 21.1 図形の描画

［挿入］タブにある「図形」をクリックすると、スライドにさまざまな形状の図形を描画できます。図形を描画するときは、以下のように操作します。

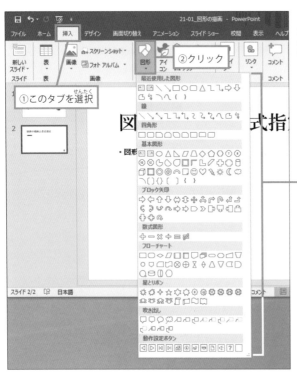

［挿入］タブを選択します。続いて「図形」をクリックし、一覧から「図形の形状」を選択します。

①このタブを選択

②クリック

③図形の形状を選択

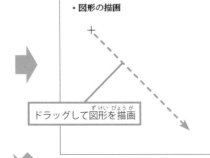

・図形の描画

ドラッグして図形を描画

マウスポインタの形状が ⊞ に変化するので、マウスをドラッグして図形を描画します。

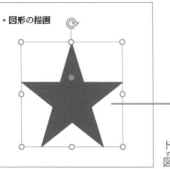

・図形の描画

図形が描画される

ドラッグした範囲を対角線とする図形が描画されます。

---

**ワンポイント**

**［Shift］キーの利用**
［Shift］キーを押しながらマウスをドラッグすると、縦横の比率が等しい図形を描画できます。正方形や正円などの図形を描画する場合に活用してください。

## 21.2　図形のサイズ変更と移動

　描画した図形のサイズを変更するときは、四隅にある**ハンドル**をドラッグします。また、図形そのものをドラッグすると図形の位置を移動できます。

**調整ハンドル**
図形によっては「調整ハンドル」（黄色いハンドル）が表示される場合もあります。このハンドルは図形の形状を変化させるときに利用します。

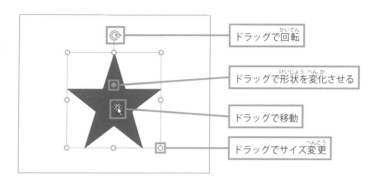

ドラッグで回転

ドラッグで形状を変化させる

ドラッグで移動

ドラッグでサイズ変更

## 21.3　図形の書式指定

　図形をクリックして選択すると、**描画ツール**の［書式］タブを利用できるようになります。このタブには「図形の書式」を指定するコマンドが用意されています。

ここで書式を指定

◆ 図形の塗りつぶし（ 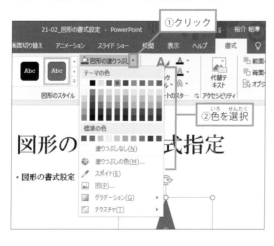 ）
　図形の内部を塗りつぶす色を変更できます。

①クリック

テーマの色

②色を選択

標準の色

塗りつぶしなし(N)
塗りつぶしの色(M)...
スポイト(E)
図(P)...
グラデーション(G)
テクスチャ(T)

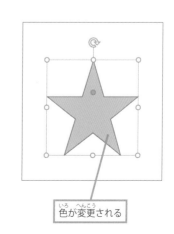

色が変更される

◆ 図形の枠線（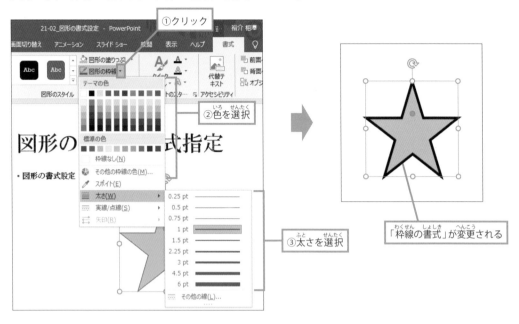）

図形を囲む枠線の色、太さ、線の種類を変更できます。

◆ 図形の効果（ ）

図形に影を付けたり、図形を立体化したりできます。

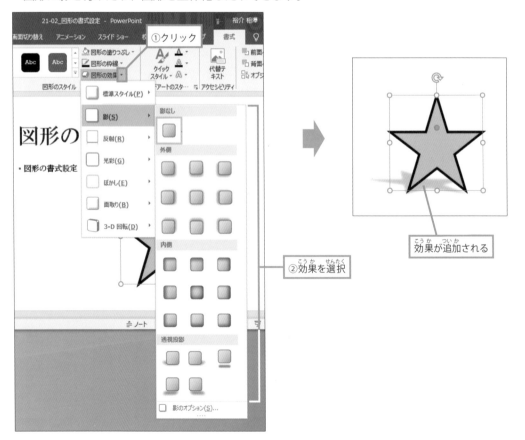

## 21.4 図形のスタイル

「図形の塗りつぶし」、「図形の枠線」、「図形の効果」を組み合わせた「図形のスタイル」も用意されています。この機能は、図形の書式を手軽に指定したいときに活用できます。

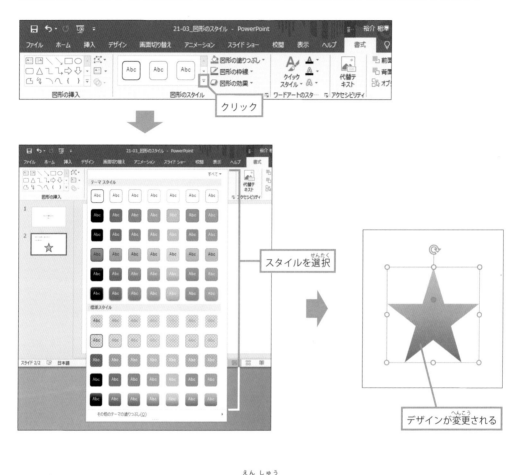

クリック

スタイルを選択

デザインが変更される

演習

（1）PowerPointを起動し、2枚目のスライドを以下のように作成してみましょう。

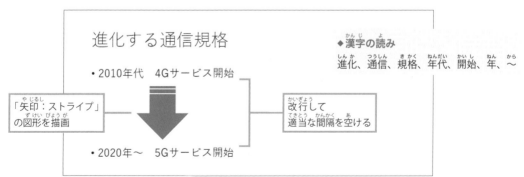

進化する通信規格

・2010年代　4Gサービス開始

「矢印：ストライプ」
の図形を描画

・2020年〜　5Gサービス開始

◆漢字の読み
進化、通信、規格、年代、開始、年、〜

改行して
適当な間隔を空ける

（2）「図形の塗りつぶし」を「緑」、「図形の枠線」を「枠線なし」に変更してみましょう
（3）「図形のスタイル」を「光沢 - オレンジ、アクセント 2」に変更してみましょう。

# Step 22 テキストボックスの活用

PowerPointには、図形内に文字を入力できる「テキストボックス」も用意されています。テキストボックスは、好きな位置に文字を配置したいときなどに活用できます。

## 22.1 テキストボックスの配置

テキストボックスは内部に文字を入力できる図形で、スライド上の好きな位置に文字を配置するときに活用できます。テキストボックスを利用するときは、以下のように操作します。

［挿入］タブにある「テキストボックス」の ▾ をクリックし、横書き／縦書きを選択します。

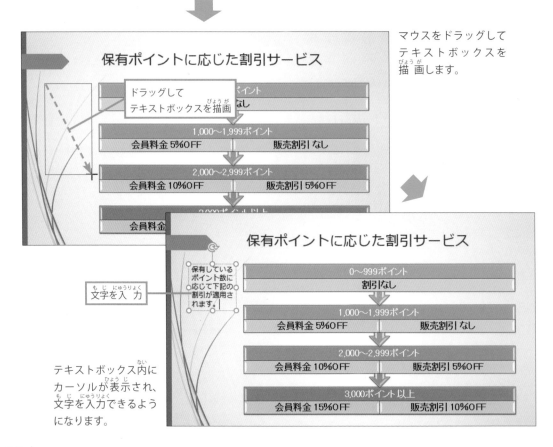

マウスをドラッグして
テキストボックスを
描画します。

テキストボックス内に
カーソルが表示され、
文字を入力できるよう
になります。

テキストボックスの**サイズ**や**位置**を後から変更することも可能です。サイズを変更するときは四隅にある**ハンドル**をドラッグします。位置を移動するときは、テキストボックスの**枠線**をドラッグします。

**高さの指定**
「テキストボックスの高さ」は、入力した文字数に応じて自動的に変化します。

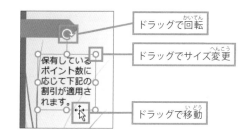

テキストボックスに入力した文字の書式は、[**ホーム**]タブにあるコマンドを操作すると変更できます。

## 22.2　テキストボックスの書式指定

テキストボックスは図形の一種となるため、「塗りつぶし」や「枠線」などの書式を変更することも可能です。この操作手順は、P87〜89で解説した手順と同じです。

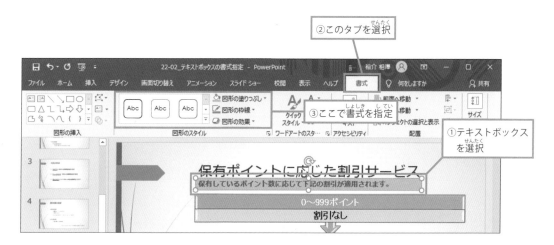

なお、テキストボックスの色を透明に戻したいときは、「図形の塗りつぶし」に「塗りつぶしなし」を指定します。

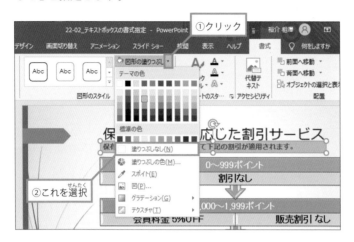

## 22.3　図形に文字を入力

　ステップ21で紹介した図形の内部に文字を入力することが可能です。この場合は、描画した図形を選択し、そのままキーボードから文字を入力します。

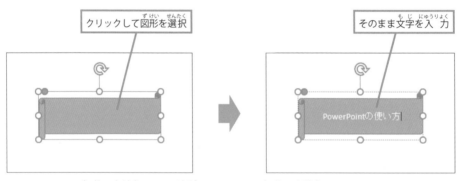

　もちろん、文字の書式なども変更できます。文字の書式は、［ホーム］タブにあるコマンドを使って指定します。

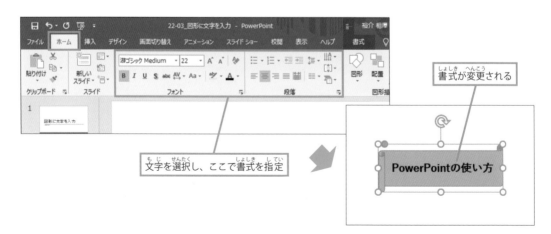

## 22.4 図形内の文字の配置

図形に入力した文字の「上下方向の配置」や「上下左右の余白」を調整したいときは、図形を右クリックし、「図形の書式設定」を選択します。

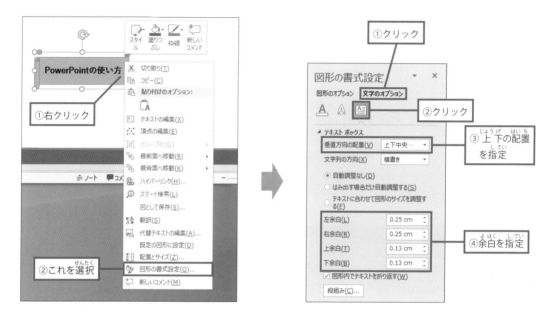

演習

(1) ステップ20の演習（3）で保存したファイルを開き、4枚目のスライドにテキストボックスを配置してみましょう。
   ※「出典：総務省　通信利用動向調査報告書（世帯編）」と入力します。

(2) テキストボックスのスタイルを「光沢 - 濃い赤、アクセント1」に変更してみましょう。また、文字の書式を「游ゴシック Medium、16pt」に変更してみましょう。
   《作業後、ファイルの上書き保存を行い、ファイルを更新しておきます》

## スマートフォンの保有率

|  | 2012年 | 2013年 | 2014年 | 2015年 | 2016年 | 2017年 | 2018年 |
|---|---|---|---|---|---|---|---|
| 20代 | 79.7% | 89.8% | 94.5% | 98.4% | 99.4% | 97.1% | 95.9% |
| 40代 | 63.4% | 78.1% | 83.8% | 88.8% | 90.7% | 94.1% | 95.0% |
| 60代 | 33.0% | 49.3% | 47.7% | 64.2% | 63.5% | 69.5% | 78.3% |

出典：総務省　通信利用動向調査報告書（世帯編）　←　テキストボックスを配置

# スライドショーとリハーサル

これまでの解説でスライドの作成方法をひととおり学習できました。続いては、実際に発表するときに必要となる「スライドショー」の実行方法を解説します。

## 23.1 スライドショーの実行

スライドショーは、作成したスライドを順番に画面全体に表示する機能です。実際に発表するときは、この機能を使って画面にスライドを表示しながら内容を説明していきます。スライドショーを実行するときは、以下のように操作します。

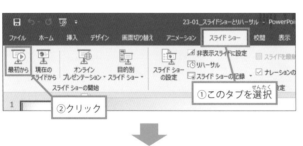

[スライドショー] タブを選択し、「最初から」をクリックします。

ワンポイント

[F5] キーの活用
キーボードの [F5] キーを押して、スライドショーを開始することも可能です。

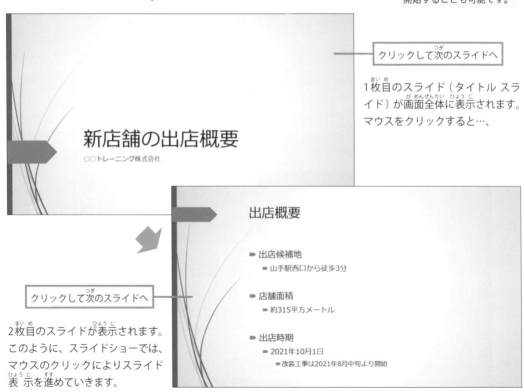

クリックして次のスライドへ

1枚目のスライド（タイトル スライド）が画面全体に表示されます。マウスをクリックすると…、

クリックして次のスライドへ

2枚目のスライドが表示されます。このように、スライドショーでは、マウスのクリックによりスライド表示を進めていきます。

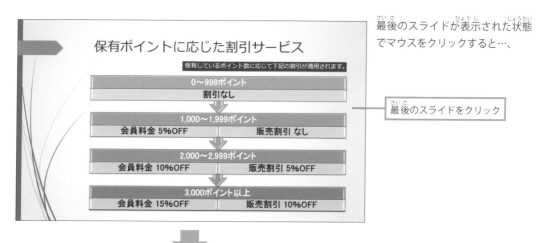

最後のスライドが表示された状態でマウスをクリックすると…、

最後のスライドをクリック

「スライドショーの最後です。クリックすると終了します。」と書かれた黒い画面が表示されます。さらに、マウスをクリックします。

クリック

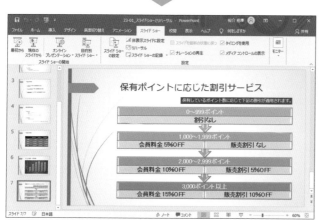

スライドショーが終了し、スライドの編集画面に戻ります。

 ワンポイント

**強制終了するには？**
スライドショーを途中で強制終了させるときは、キーボードの [Esc] キーを押します。

## 23.2 リハーサルの実行

　卒業論文などの発表では、発表の時間に制限が設けられているのが一般的です。このような場合は、PowerPointに用意されている**リハーサル**を使って、発表の練習を行っておくのが基本です。リハーサルを使ってスライドショーを実行すると、現在の経過時間を確認しながらスライド表示を進めていくことが可能となります。

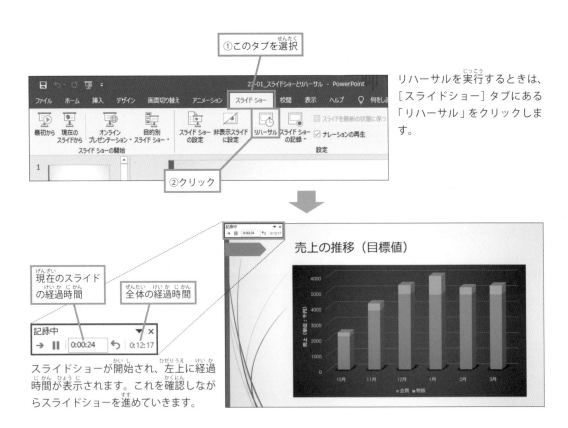

リハーサルを実行するときは、[スライドショー]タブにある「リハーサル」をクリックします。

①このタブを選択

②クリック

現在のスライドの経過時間

全体の経過時間

スライドショーが開始され、左上に経過時間が表示されます。これを確認しながらスライドショーを進めていきます。

リハーサルが終了すると、以下のようなウィンドウが表示されます。ここでは必ず[いいえ]ボタンをクリックするのが基本です。

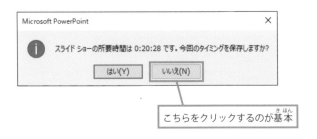

こちらをクリックするのが基本

[はい]ボタンをクリックすると、今回のリハーサルで「スライドを切り替えたタイミング」が記録され、次回のスライドショーから「記録されたタイミング」で自動的にスライドが切り替わるようになります。実際に発表するときに、マウスのクリックでスライドを切り替えたい場合は、必ず[いいえ]ボタンをクリックしてください。

**ワンポイント**

**発表用原稿の作成**

PowerPointには、発表時に読み上げる原稿を作成する機能も用意されています。この機能の使い方は、ステップ27で詳しく解説します。

ここをOFFにする

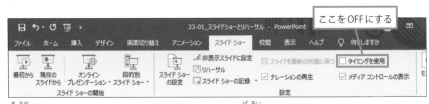

間違って[はい]ボタンをクリックしてしまった場合は、[スライドショー]タブにある「タイミングを使用」をOFFにすると、記録されたタイミングを無効化できます。

## 23.3　表示しないスライドの指定

リハーサルを行った結果、制限時間をオーバーしていることに気付く場合もあると思います。このような場合は、重要度の低いスライドを非表示スライドに設定し、説明の一部を省略すると発表時間を短縮できます。

②クリック

①スライドを選択

非表示スライドを示すマーク

☞ ワンポイント

**非表示スライドの解除**
再度「非表示スライドに設定」をクリックしてOFFにすると、非表示スライドの指定を解除できます。

## 23.4　スライドショーを大画面に表示するには？

普通にスライドショーを実行すると、パソコンの画面にスライドが表示されます。この状態では多くの人にスライドを示すことができません。多くの人がスライドを見られるようにするには、プロジェクターや大型テレビなどにパソコン画面を映し出す必要があります。
実際に発表するときは、会場の設備を確認し、接続方法などを確認しておくのを忘れないようにしてください。

パソコン画面を出力するときは、HDMIケーブルを利用するのが一般的です。

---

演習

（1）ステップ22の演習（2）で保存したファイルを開き、スライドショーを実行してみましょう。
（2）続いて、リハーサルを実行してみましょう。
　　※リハーサル終了後は[いいえ]ボタンをクリックします。
（3）2枚目のスライドを非表示スライドに設定し、スライドショーを実行してみましょう。
（4）2枚目のスライドに指定した非表示スライドを解除し、元の状態に戻してみましょう。
　《作業後、ファイルの上書き保存を行い、ファイルを更新しておきます》

# Step 24 画面切り替えの指定

スライドショーにアニメーション効果を加えることも可能です。まずは、「次のスライド」へ切り替えるときのアニメーションを指定する「画面切り替え」について解説します。

## 24.1 「画面切り替え」の指定

スライドショーで「次のスライド」を表示するときに、アニメーション効果を加えることも可能です。発表を演出する方法の一つとして試してみるとよいでしょう。「**画面切り替え**」を指定するときは、以下のように操作します。

①このタブを選択

②クリック

新店舗の出店概要
○○トレーニング株式会社

［画面切り替え］タブを選択し、「画面切り替え」の ⹀ をクリックします。

「画面切り替え」を選択

「画面切り替え」の一覧が表示されるので、この中から好きなものを選択します。

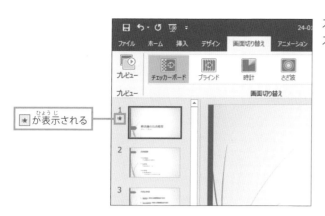

スライドに「画面切り替え」が指定され、スライド一覧に ★ が表示されます。

★ が表示される

「画面切り替え」は、**選択中のスライドだけに指定される**ことに注意してください。すべてのスライドに同じ「画面切り替え」を指定するには、続けて「**すべてに適用**」をクリックする必要があります。

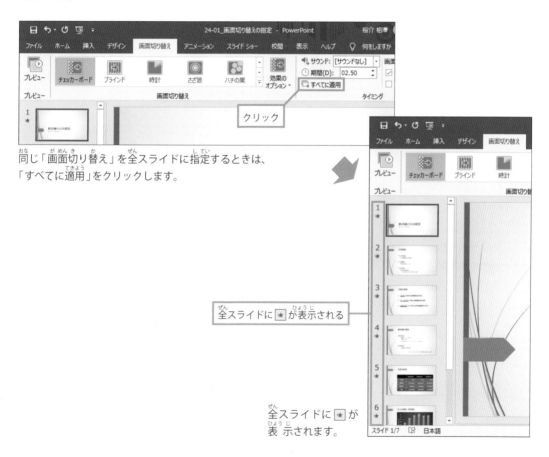

同じ「画面切り替え」を全スライドに指定するときは、「すべてに適用」をクリックします。

クリック

全スライドに ★ が表示される

全スライドに ★ が表示されます。

## 24.2　速度と効果音の指定

　［画面切り替え］タブには、「画面切り替え」のオプションや効果音（サウンド）、速度（期間）を指定するコマンドも用意されています。これらは、各自の好みに合わせて変更するようにしてください。

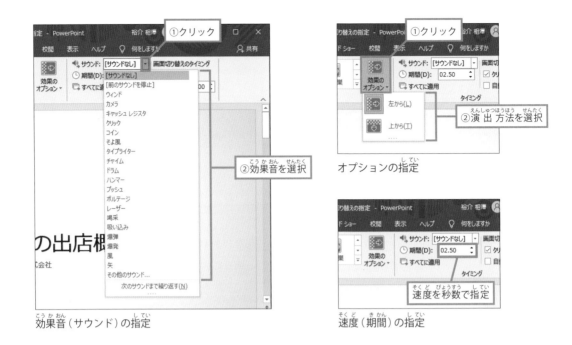

効果音（サウンド）の指定

オプションの指定

速度（期間）の指定

　これらの設定も「選択中のスライド」だけに適用されます。すべてのスライドを同じ設定にするには、「すべてに適用」をクリックする必要があります。

オプション、効果音、速度を全スライドに指定するときは、「すべてに適用」をクリックします。

## 24.3　「画面切り替え」の確認

　スライドに指定した「画面切り替え」は、スライドショーを実行すると確認できます。この操作手順は、ステップ23で解説したとおりです。

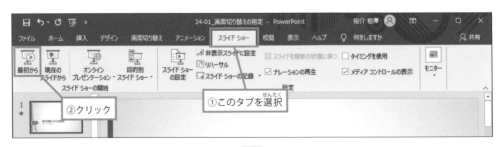

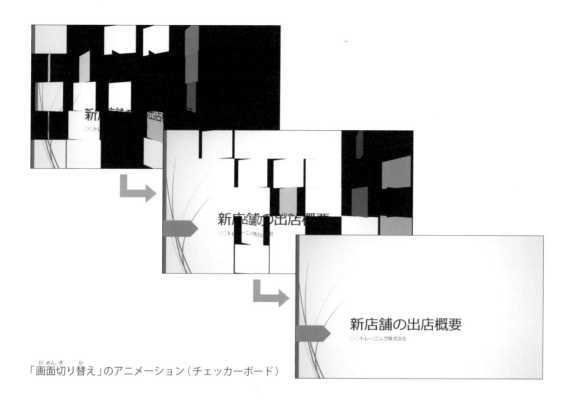

「画面切り替え」のアニメーション（チェッカーボード）

## 24.4 「画面切り替え」の解除

　「画面切り替え」を解除するときは、「画面切り替え」の一覧で「なし」を選択します。効果音は「サウンドなし」を選択すると解除できます。

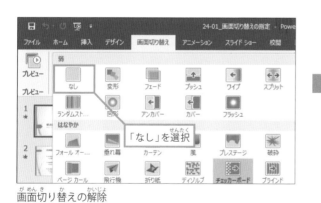

画面切り替えの解除

全スライドの「画面切り替え」や効果音を解除するときは、続けて「すべてに適用」をクリックします。

演習

（1）ステップ23の演習（4）で保存したファイルを開き、すべてのスライドに「渦巻き」の「画面切り替え」を指定してみましょう。その後、スライドショーを実行し、「画面切り替え」の動作を確認してみましょう。

《作業後、ファイルの上書き保存を行い、ファイルを更新しておきます》

# アニメーションの指定

PowerPointには、スライド内の各要素に対してアニメーションを指定する機能も用意されています。続いては、アニメーションを指定する方法を解説します。

## 25.1 アニメーションとは？

アニメーションを指定すると、スライドショーの実行時に「要素（段落）を1つずつ順番に表示していく」などのアニメーションを実現できるようになります。以下に具体的な例を示しておくので、参考としてください。

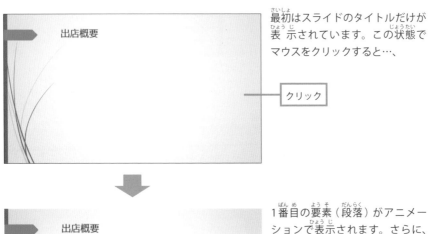

最初はスライドのタイトルだけが表示されています。この状態でマウスをクリックすると…、

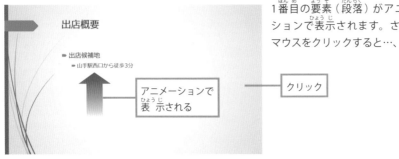

1番目の要素（段落）がアニメーションで表示されます。さらに、マウスをクリックすると…、

2番目の要素がアニメーションで表示されます。

このように、スライド内の要素（段落）を1つずつアニメーション表示していくことも可能です。すべての要素が表示された後にマウスをクリックすると、「次のスライド」へ切り替わります。

## 25.2 アニメーションを指定する手順

前ページに示したアニメーションを例に、操作手順を解説していきます。なお、アニメーションには、以下の3種類があることを覚えておいてください。

- 開始 ·················· アニメーションとともに要素を表示します。
- 強調 ·················· アニメーションを使って要素を強調します。
- 終了 ·················· アニメーションとともに要素を消去します。

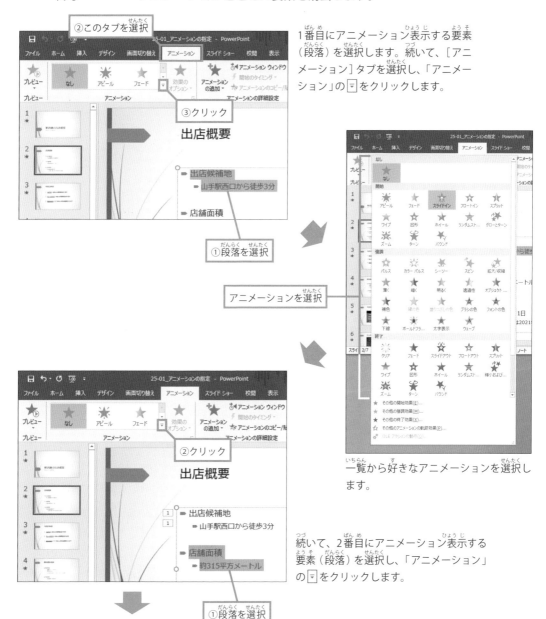

1番目にアニメーション表示する要素（段落）を選択します。続いて、［アニメーション］タブを選択し、「アニメーション」の▽をクリックします。

一覧から好きなアニメーションを選択します。

続いて、2番目にアニメーション表示する要素（段落）を選択し、「アニメーション」の▽をクリックします。

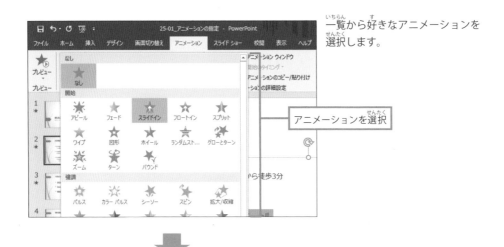

一覧から好きなアニメーションを選択します。

アニメーションを選択

同様の操作を繰り返して、3番目の要素（段落）にもアニメーションを指定します。

これらの段落に
3番目のアニメーションを指定

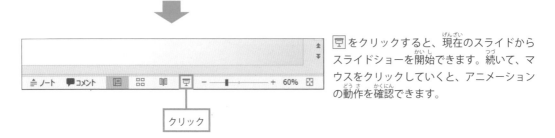

をクリックすると、現在のスライドからスライドショーを開始できます。続いて、マウスをクリックしていくと、アニメーションの動作を確認できます。

クリック

## 25.3 アニメーションの変更と解除

[アニメーション] タブを選択すると、アニメーションが指定されている要素に 1 や 2 などのアイコンが表示されます。これらのアイコンはアニメーションが実行される順番を示しています。

　各要素に指定したアニメーションを変更するときは、[1]や[2]などのアイコンをクリックして選択し、[▼]からアニメーションを指定しなおします。このとき「**なし**」のアニメーションを指定すると、その要素のアニメーションを解除できます。

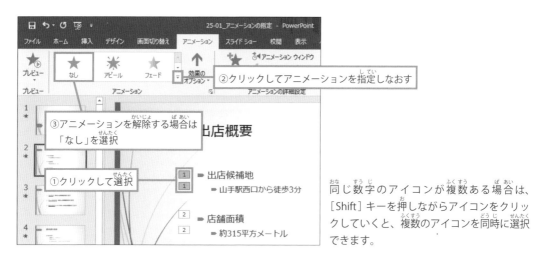

同じ数字のアイコンが複数ある場合は、[Shift]キーを押しながらアイコンをクリックしていくと、複数のアイコンを同時に選択できます。

**演習**

（1）ステップ24の演習（1）で保存したファイルを開き、2枚目のスライドにある各段落に「**ターン**」のアニメーションを指定してみましょう。その後、**スライドショー**を実行し、アニメーションの動作を確認してみましょう。
　※3つある段落に、上から順番にアニメーションを指定していきます。
《作業後、ファイルの上書き保存を行い、ファイルを更新しておきます》

# Step 26

# 配布資料の作成

続いては、発表を見に来た人（出席者）に手渡す「配布資料」の作成方法を解説します。PowerPointには、作成したスライドを縮小して印刷する機能が用意されているため、簡単に配布資料を作成できます。

## 26.1 印刷プレビューの表示

PowerPointには、スライドを配布資料として印刷する機能が用意されています。この機能を使って配布資料を作成するときは、はじめに印刷プレビューを確認しておくのが基本です。印刷プレビューを表示するときは、以下のように操作します。

このタブを選択

［ファイル］タブを選択します。

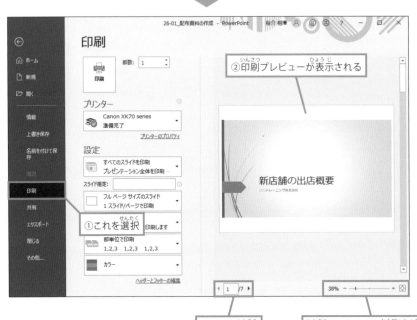

②印刷プレビューが表示される

①これを選択

「印刷」の項目を選択すると、画面の右側に印刷プレビューが表示されます。

ページの変更

印刷プレビューの拡大／縮小

## 26.2 印刷の設定

印刷プレビューの左側には、印刷に関連する設定項目が並んでいます。続いては、各項目で設定する内容について解説します。

**印刷プレビューの終了**
通常の編集画面に戻すときは、画面の左上にある ← をクリックします。

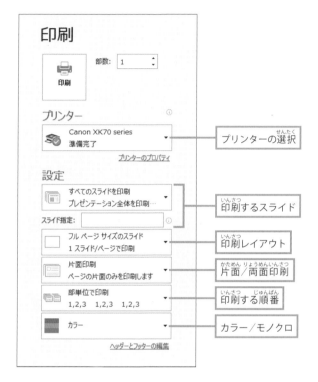

最初に指定する設定項目は**印刷レイアウト**です。次ページに、配布資料の印刷でよく利用する印刷レイアウトをまとめておくので参考にしてください。

**ノートの印刷**
「ノート」の印刷レイアウトについては、ステップ27で詳しく解説します。

**アウトライン**
「アウトライン」の印刷レイアウトは、「各スライドの文字」だけを一覧形式で印刷するときに利用します。この印刷結果は、スライドの構成を確認する場合などに活用できます。

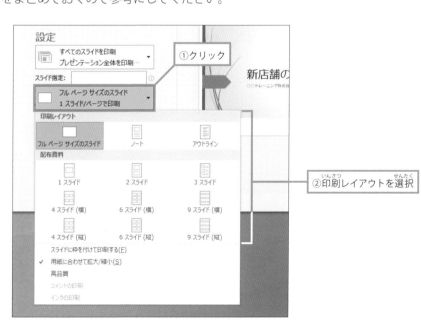

◆ フルページサイズのスライド
　各用紙にスライドを1枚ずつ印刷します。この
印刷結果は、スライドを校正するときなどに活用
できます。

◆ 配布資料
　出席者に渡す配布資料を作成するときは、「配布資料」の中から印刷レイアウトを選択します。
選択したレイアウトに応じて、1枚の用紙に印刷できる**スライドの数**や**スライドを並べる方向**
が変化します。「3スライド」の印刷レイアウトには、出席者がメモをとるためのスペースが設
けられています。

2スライド

3スライド

4スライド（横）

6スライド（横）

6スライド（縦）

9スライド（横）

「配布資料」の印刷レイアウトを選択すると、**用紙の向き（縦／横）を指定できる設定項目**が表示されます。「4スライド」や「9スライド」の印刷レイアウトは、用紙の向きを「横方向」にすると、スライドを大きく印刷できます。

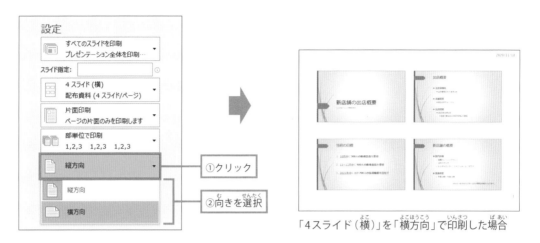

「4スライド（横）」を「横方向」で印刷した場合

## 26.3　印刷の実行

印刷設定が済んだら、各ページを印刷する枚数を「**部数**」に指定します。続いて、[印刷] ボタンをクリックすると、配布資料の印刷を開始できます。

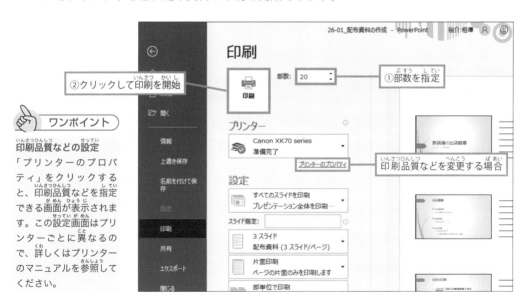

### ワンポイント

**印刷品質などの設定**
「プリンターのプロパティ」をクリックすると、印刷品質などを指定できる画面が表示されます。この設定画面はプリンターごとに異なるので、詳しくはプリンターのマニュアルを参照してください。

---

### 演習

（1）ステップ25の演習（1）で保存したファイルを開き、「3スライド」の印刷レイアウトで配布資料を印刷してみましょう。

# Step 27

## 発表用原稿の作成

実際に発表するときは、発表時に読み上げる原稿も用意しておく必要があります。続いては、発表用原稿をPowerPointで作成する方法について解説します。

---

## 27.1 発表用原稿の入力

発表用の原稿を作成するときは**ノート**を利用します。ノートは各スライドに用意されているメモ欄のようなもので、発表用原稿を作成する場所としても活用できます。もちろん、ノートに入力した文字が**スライドショー**に表示されることはありません。ノートに文字を入力するときは、以下のように操作します。

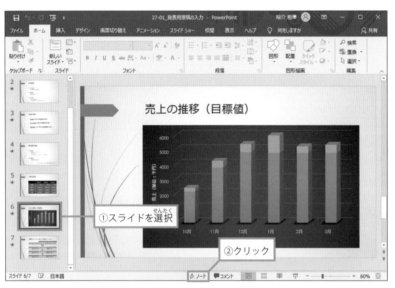

編集するスライドを選択し、ウィンドウ下部にある「ノート」をクリックします。

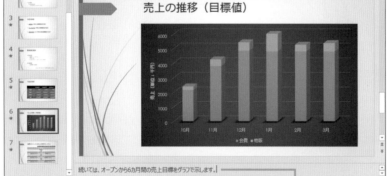

「ノートの領域」が表示されるので、キーボードから文字を入力していきます。

### ワンポイント

**ノートの非表示**
ウィンドウ下部にある「ノート」をもういちどクリックすると、「ノートの領域」を非表示の状態に戻すことができます。

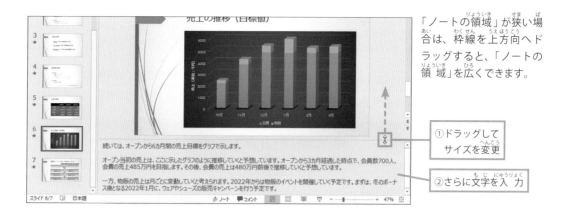

「ノートの領域」が狭い場合は、枠線を上方向へドラッグすると、「ノートの領域」を広くできます。

①ドラッグしてサイズを変更

②さらに文字を入力

## 27.2 「ノート」の画面表示

　ノートに文章を何行も入力するときは、画面表示を「ノート」に切り替えると、作業しやすくなります。画面表示を切り替えるときは、以下のように操作します。

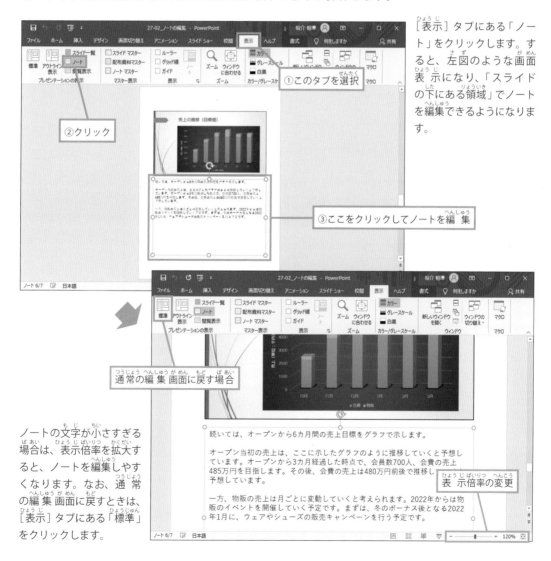

[表示] タブにある「ノート」をクリックします。すると、左図のような画面表示になり、「スライドの下にある領域」でノートを編集できるようになります。

①このタブを選択

②クリック

③ここをクリックしてノートを編集

通常の編集画面に戻す場合

ノートの文字が小さすぎる場合は、表示倍率を拡大すると、ノートを編集しやすくなります。なお、通常の編集画面に戻すときは、[表示] タブにある「標準」をクリックします。

続いては、オープンから6カ月間の売上目標をグラフで示します。

オープン当初の売上は、ここに示したグラフのように推移していくと予想しています。オープンから3カ月経過した時点で、会員数700人、会費の売上485万円を目指します。その後、会費の売上は480万円前後で推移していく予想しています。

一方、物販の売上は月ごとに変動していくと考えられます。2022年からは物販のイベントを開催していく予定です。まずは、冬のボーナス後となる2022年1月に、ウェアやシューズの販売キャンペーンを行う予定です。

表示倍率の変更

## 27.3 ノートに入力した文字の書式

ノートに入力した文字は、スライド上の文字と同じ手順で**文字の書式**や**段落の書式**を指定できます。原稿が見やすくなるように、適当な書式を指定しておくとよいでしょう。

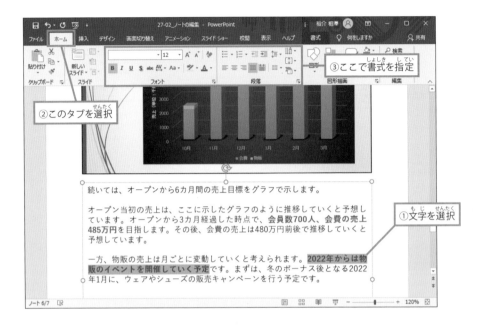

## 27.4 ノートの印刷

ノートに入力した発表用原稿は、印刷して利用します。ノートを含めた形でスライドを印刷するときは、以下のように操作します。

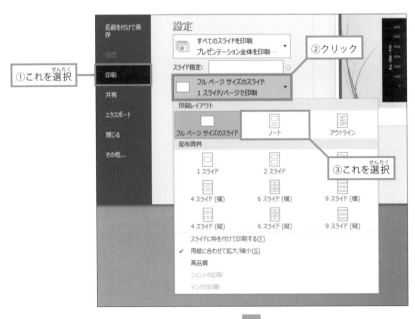

[ファイル] タブを選択し、左側のメニューから「印刷」を選択します。続いて、印刷レイアウトに「ノート」を指定します。

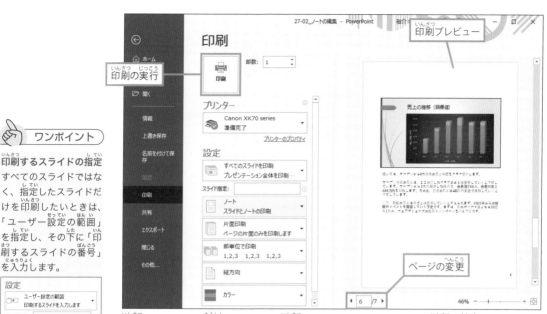

印刷プレビュー

印刷の実行

ページの変更

ワンポイント

**印刷するスライドの指定**
すべてのスライドではなく、指定したスライドだけを印刷したいときは、「ユーザー設定の範囲」を指定し、その下に「印刷するスライドの番号」を入力します。

設定
ユーザー設定の範囲
印刷するスライドを入力します
スライド指定: 6

印刷プレビューが更新されます。[印刷]ボタンをクリックすると、印刷を開始できます。

演習

（1）ステップ25の演習（1）で保存したファイルを開き、5枚目のスライドのノートに以下のような発表用原稿を入力してみましょう。
※画面表示を「ノート」に変更してから以下の文章を入力します。

次は「スマートフォンの保有率」について解説します。

このグラフを見ると、20代の「スマートフォンの保有率」は以前から高かったことがわかります。2015年以降は95％以上の数値になっているため、現在では、ほとんどの20代がスマートフォンを保有していると考えられます。

一方、60代の「スマートフォンの保有率」は、2012年の時点で33.0％しかありませんでした。それが2018年には78.3％にまで増加しており、ここ数年で急速に保有率が伸びていることがわかります。

（2）ノートに入力した文字の配置を「両端揃え」に変更してみましょう。また、以下の文字の書式を太字、赤色に変更してみましょう。
　　・2015年以降は95％以上
　　・2018年には78.3％にまで増加
《作業後、ファイルの上書き保存を行い、ファイルを更新しておきます》

（3）5枚目のスライドを「ノート」の印刷レイアウトで印刷してみましょう。

Step 27　発表用原稿の作成　**113**

# 発表者ツールの操作

続いては、発表時にパソコン画面に表示される「発表者ツール」について解説します。発表をスムーズに進められるように、あらかじめ操作方法を確認しておいてください。

---

## 28.1 発表者ツールの表示

プロジェクターや大型テレビにパソコンを接続してスライドショーを実行すると、外部モニター（プロジェクターなど）にスライドショーが表示され、パソコンの画面には発表者ツールが表示されます。このため、「発表者ツール」の使い方も覚えておく必要があります。

PowerPointには、パソコン単体でも「発表者ツール」の動作を確認できる機能が用意されています。画面に「発表者ツール」を表示してスライドショーを実行するときは、以下のように操作します。

［Alt］キーを押しながら［F5］キーを押してスライドショーを開始します。

［Alt］＋［F5］キーを押す

パソコンの画面全体に「発表者ツール」が表示されます。

「発表者ツール」が表示される

## 28.2　発表者ツールの画面構成

**ワンポイント**

**キーボードを使った操作**
キーボードの [→] キーを押して「次のスライド」へ進めることも可能です。また、[←] キーを押すと、「1つ前のスライド」に戻ることができます。

「発表者ツール」は、以下のような構成になっています。スライドショーの操作はステップ23で解説した手順と同じで、マウスのクリックによりスライド表示（またはアニメーション）を進めていきます。「発表者ツール」に用意されているアイコンをクリックして、前後のスライドへ移動することも可能です。「発表者ツール」の右下には、現在のスライドのノートが表示されます。

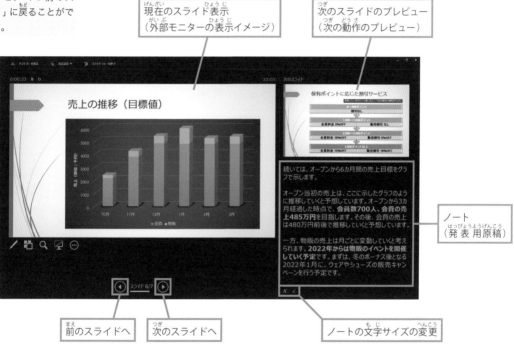

現在のスライド表示
（外部モニターの表示イメージ）

次のスライドのプレビュー
（次の動作のプレビュー）

ノート
（発表用原稿）

前のスライドへ　　次のスライドへ

ノートの文字サイズの変更

## 28.3　レーザーポインターの利用

スライドを光点で指しながら発表内容を説明したいときは、レーザーポインターを利用すると便利です。レーザーポインターを利用するときは、以下のように操作します。

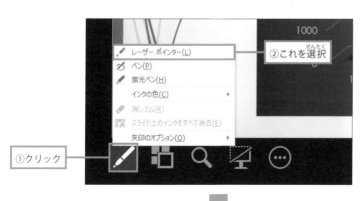

✏ のアイコンをクリックし、「レーザーポインター」をONにします。

②これを選択

①クリック

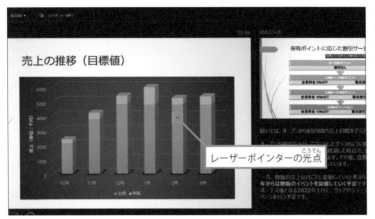

スライドにレーザーポインター
の光点が表示されます。マウス
を動かすと、その動きに合わせ
て光点の位置が移動します。

レーザーポインターの光点

　レーザーポインターの利用を途中でやめるときは、 から「**レーザーポインター**」を選択して
OFF にするか、もしくはキーボードの [Esc] キーを押します。

## 28.4　スライドの一覧表示

　のアイコンをクリックすると、すべてのスライドを一覧表示できます。この機能は、好き
なスライドへ移動したい場合などに活用できます。

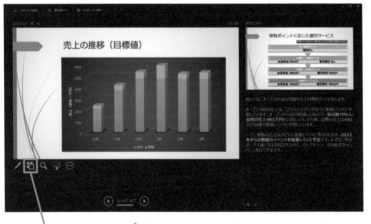

スライド表示をジャンプさせる
ときは のアイコンをクリッ
クします。

外部モニターに表示する
スライドをクリック

クリック

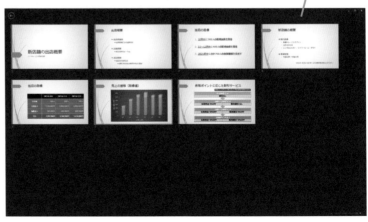

「スライドの一覧」が表示され
るので、移動先のスライドをク
リックします。この一覧は「発
表者ツール」だけに表示されま
す。外部モニターに「スライド
の一覧」が表示されることはあ
りません。

116

## 28.5　スライドの拡大表示

　スライドの一部を拡大して表示する機能も用意されています。スライドの文字が小さいときは、この機能を使って一時的にスライドを拡大表示するとよいでしょう。

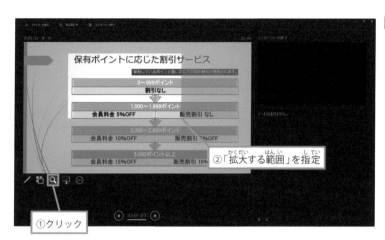

のアイコンをクリックし、「拡大する範囲」をマウスで指定します。拡大したスライドは、マウスのドラッグで上下左右にスクロールできます。

## 28.6　その他の機能

　のアイコンは、スライドショーを一時的に中断して、外部モニターの画面を黒一色にしたいときに利用します。もう一度をクリックすると、外部モニターの画面はスライドショーの表示に戻ります。

　のアイコンには、以下の図のような項目が用意されています。利用する機会は多くありませんが、念のため確認しておいてください。

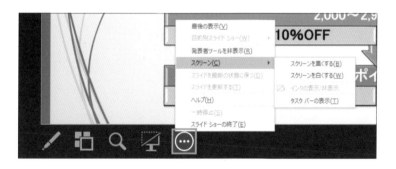

- - - - - - - - - - - - - - 　演　習　- - - - - - - - - - - - - -

（1）ステップ27の演習（2）で保存したファイルを開き、発表者ツールでスライドショーを実行してみましょう。

（2）発表者ツールでレーザーポインターを使用し、スライド上を光点で指し示してみましょう。
※ 動作を確認後、レーザーポインターをOFFにします。

（3）発表者ツールでスライドの一部を拡大表示してみましょう。

# 29

# ヘッダーとフッター

続いては、ヘッダー・フッターの指定方法を解説します。PowerPointでは、配布資料やノートを印刷した「用紙」と「スライド」に個別のヘッダー・フッターを指定できます。

## 29.1　ヘッダー・フッターとは？

　用紙の上下にある余白に表示（印刷）される文字のことをヘッダー・フッターと呼びます。上の余白に表示される文字はヘッダー、下の余白に表示される文字はフッターと呼ばれています。ヘッダー・フッターには、「ファイル名」や「日付」、「作成者」、「ページ番号」などの情報を記すのが一般的です。

　もちろん、PowerPointにもヘッダー・フッターを指定する機能が用意されています。ノートや配布資料の印刷レイアウトでは、以下のような情報をヘッダー・フッターに配置できます。

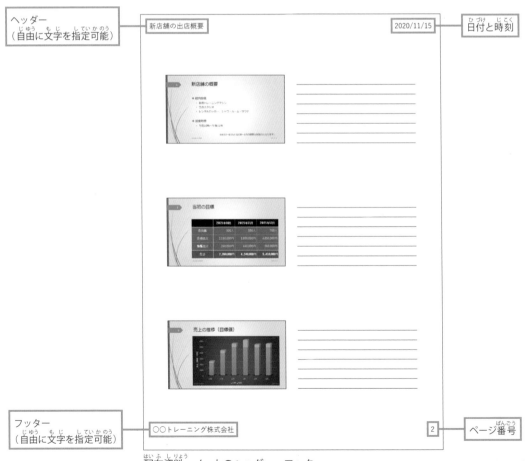

配布資料、ノートのヘッダー・フッター

また、各スライドに**スライド番号**や**フッター**を指定することも可能です。各スライドには、以下のような情報を配置できます。

スライドのヘッダー・フッター
※各情報が配置される位置は、スライドのデザイン（テーマ）ごとに異なります。


## 29.2　スライドのヘッダー・フッター

それでは、ヘッダー・フッターを指定するときの操作手順を解説していきます。まずは、**スライドのヘッダー・フッター**を指定する手順を解説します。

［挿入］タブを選択し、「ヘッダーとフッター」をクリックします。

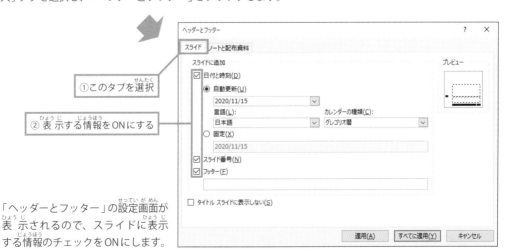

「ヘッダーとフッター」の設定画面が表示されるので、スライドに表示する情報のチェックをONにします。

この設定画面で「日付と時刻」をONにし、「自動更新」を指定すると、現在の日時がスライドに配置されます。日時の表記は、以下のように指定します。

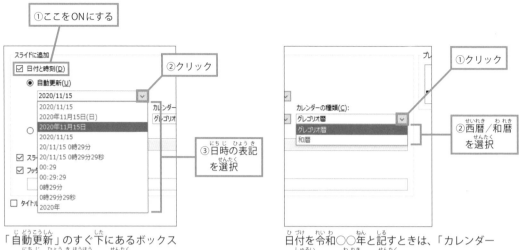

「自動更新」のすぐ下にあるボックスで「日時の表記方法」を選択します。

日付を令和○○年と記すときは、「カレンダーの種類」に「和暦」を選択します。

日時を自分で指定するときは「固定」を選択し、キーボードから日時を示す文字を入力します。

「固定」を選択した場合は、テキストボックスに入力した日時がそのまま表示（印刷）されます。

「フッター」には自由に文字を指定できます。「フッター」を表示（印刷）するときは、その文字をテキストボックスに入力します。

「フッター」の指定

設定が済んだら［すべてに適用］ボタンをクリックします。これでヘッダー・フッターの指定は完了です。［適用］ボタンをクリックした場合は、現在選択されているスライドだけにヘッダー・フッターが指定されます。

また、ここで指定した情報はスライドショーにも表示されることに注意してください。これらの情報をスライドショーに表示したくない場合は、すべてのチェックボックスをOFFにしておく必要があります。

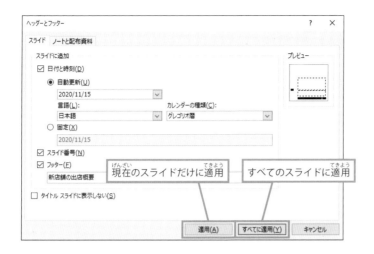

現在のスライドだけに適用
すべてのスライドに適用

## 29.3 ノート、配布資料のヘッダー・フッター

　ノートや配布資料を印刷するときのヘッダー・フッターは、[ノートと配布資料]タブで指定します。この指定手順は、スライドのヘッダー・フッターを指定する場合と同じです（各情報が印刷される位置はP118を参照）。

①このタブを選択

②印刷する情報を指定

③クリック

演習

（1）ステップ27の演習（2）で保存したファイルを開き、配布資料とノートに以下のヘッダー・フッターを指定してみましょう。その後、配布資料「3スライド」の印刷レイアウトを指定し、印刷プレビューを確認してみましょう。

　　　・日付と時刻 …………………… 今日の日付（表記：令和○○年○○月○○日）
　　　・ページ番号 ………………… あり
　　　・ヘッダー ………………………「スマートフォンの現状」という文字を指定

# 数式の入力

最後に、スライドに数式を入力する方法を解説します。PowerPointには「数式ツール」が用意されているため、理系の論文などで使用する複雑な数式も簡単に入力できます。

## 30.1 数式ツールの起動

スライドに数式を入力するときは数式ツールを利用します。まずは、以下のように操作して数式ツールを起動します。

数式を入力する位置にカーソルを移動し、[挿入] タブにある「数式」のアイコンをクリックします。

②このタブを選択

①カーソルを移動

③クリック

数式ツールの [デザイン] タブ

ここに数式を入力する

数式ツールの [デザイン] タブが表示されます。

## 30.2 数式の入力手順

それでは、実際に数式を入力していきましょう。数式を入力するときは、**キーボード**と**数式ツール**の［デザイン］タブを利用します。

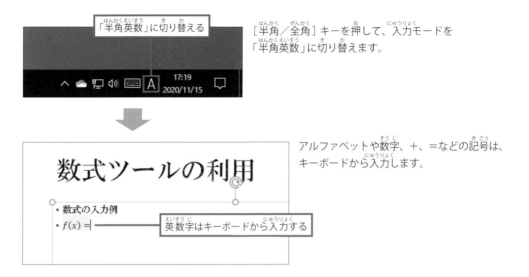

「半角英数」に切り替える

［半角／全角］キーを押して、入力モードを「半角英数」に切り替えます。

アルファベットや数字、＋、＝などの記号は、キーボードから入力します。

英数字はキーボードから入力する

数学ならではの記号は、数式ツールの［デザイン］タブを使って入力します。たとえば、**分数**を入力するときは、以下のように操作します。

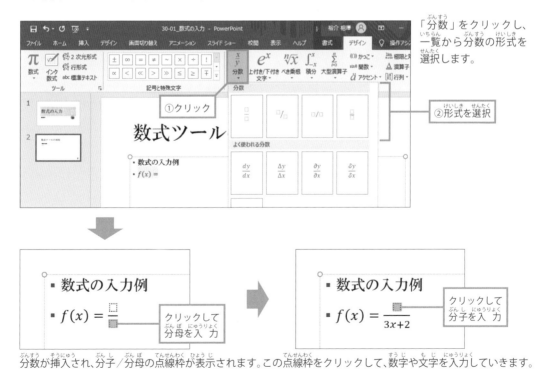

「分数」をクリックし、一覧から分数の形式を選択します。

①クリック

②形式を選択

クリックして分母を入力

クリックして分子を入力

分数が挿入され、分子／分母の点線枠が表示されます。この点線枠をクリックして、数字や文字を入力していきます。

このように、数式ツールでは**点線枠**をクリックして文字や数字を入力していきます。√（ルート）や∫（積分）、Σ（総和）、行列なども上記と同様の手順で入力できます。

## 30.3 「かっこ」の入力

数式内で「かっこ」を使用するときは、キーボードから（　）を入力するのではなく、「かっこ」のコマンドを利用します。すると、内部の記述に応じて「かっこのサイズ」が自動的に変化するようになります。

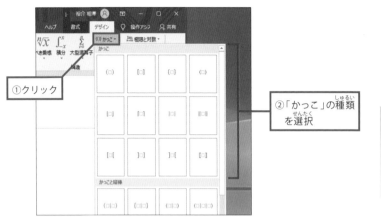

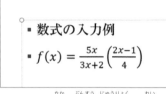

「かっこ」の中に分数を入力した例

## 30.4 記号と特殊文字

キーボードに用意されていない記号などは、「記号と特殊文字」を使って入力します。

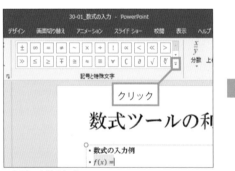

「記号と特殊文字」の▽をクリックします。

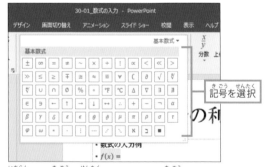

一覧から記号を選択すると、その記号を「カーソルがある位置」に入力できます。

目的の記号が見つからない場合は、▽をクリックして記号の種類を変更します。

記号の一覧が変更されるので、この中から記号を選択します。

## 30.5 数式の書式と配置

　［ホーム］タブにある（箇条書き）をクリックしてOFFにすると、数式の行頭文字を削除できます。そのほか、**文字サイズ**や**配置**などの書式を指定することも可能です。

## 30.6 テキストボックスを利用した数式の配置

　数式を**テキストボックス**で作成することも可能です。この場合は、「コンテンツの領域」を選択していない状態で、［挿入］タブにある「**数式**」のアイコンをクリックします。好きな位置に数式を配置したいときは、この方法で数式を作成してください。

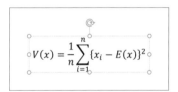

テキストボックスで
作成した数式

◆◆◆◆◆ 演 習 ◆◆◆◆◆

（1）PowerPointを起動し、**2枚目のスライド**に下図のようなスライドを作成してみましょう。
　　※数式はテキストボックスで作成します。
　　※数式の文字サイズに「32pt」を指定します。

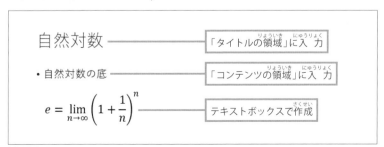

自然対数 ——「タイトルの領域」に入力

・自然対数の底 ——「コンテンツの領域」に入力

$$e = \lim_{n \to \infty} \left(1 + \frac{1}{n}\right)^n$$ —— テキストボックスで作成

◆漢字の読み
自然対数、底

# 索引 Index

**127**

**ご質問がある場合は・・・**

本書の内容についてご質問がある場合は、本書の書名ならびに掲載箇所のページ番号を明記の上、FAX・郵送・Eメールなどの書面にてお送りください（宛先は下記を参照）。電話でのご質問はお断りいたします。また、本書の内容を超えるご質問に関しては、回答を控えさせていただく場合があります。

新刊書籍、執筆陣が講師を務めるセミナーなどをメールでご案内します

登録はこちらから

http://www.cutt.co.jp/ml/entry.php

情報演習 �51

留学生のための
# PowerPoint 2019 ワークブック ルビ付き

2021年1月10日　初版第1刷発行

著　者　　相澤 裕介
発行人　　石塚 勝敏
発　行　　株式会社 カットシステム
　　　　　〒169-0073 東京都新宿区百人町4-9-7　新宿ユーエストビル8F
　　　　　TEL　（03）5348-3850　　FAX　（03）5348-3851
　　　　　URL　http://www.cutt.co.jp/
　　　　　振替　00130-6-17174
印　刷　　シナノ書籍印刷 株式会社

本書に関するご意見、ご質問は小社出版部宛まで文書か、sales@cutt.co.jp 宛に e-mail でお送りください。電話によるお問い合わせはご遠慮ください。また、本書の内容を超えるご質問にはお答えできませんので、あらかじめご了承ください。

Cover design Y. Yamaguchi　　　　　　　　Copyright©2020　相澤 裕介
Printed in Japan　ISBN 978-4-87783-791-4

# 30ステップで基礎から実践へ！

**ステップバイステップ方式で確実な学習効果をねらえます**

## 留学生向けのルビ付きテキスト（漢字にルビをふってあります）

**情報演習 C ステップ 30　（Windows 10 版）**
留学生のためのタイピング練習ワークブック
ISBN978-4-87783-800-3 ／本体 800 円

**情報演習 38 ステップ 30**
留学生のための Word 2016 ワークブック
ISBN978-4-87783-795-2 ／本体 900 円　本文カラー

**情報演習 39 ステップ 30**
留学生のための Excel 2016 ワークブック
ISBN978-4-87783-796-9 ／本体 900 円　本文カラー

**情報演習 42 ステップ 30**
留学生のための PowerPoint 2016 ワークブック
ISBN978-4-87783-805-8 ／本体 900 円　本文カラー

**情報演習 49 ステップ 30**
留学生のための Word 2019 ワークブック
ISBN978-4-87783-789-1 ／本体 900 円　本文カラー

**情報演習 50 ステップ 30**
留学生のための Excel 2019 ワークブック
ISBN978-4-87783-790-7 ／本体 900 円　本文カラー

**情報演習 51 ステップ 30**
留学生のための PowerPoint 2019 ワークブック
ISBN978-4-87783-791-4 ／本体 900 円　本文カラー

**情報演習 47 ステップ 30**
留学生のための HTML5 & CSS3 ワークブック
ISBN978-4-87783-808-9 ／本体 900 円

**情報演習 48 ステップ 30**
留学生のための JavaScript ワークブック
ISBN978-4-87783-807-2 ／本体 900 円

**情報演習 43 ステップ 30**
留学生のための Python［基礎編］ワークブック
ISBN978-4-87783-806-5 ／本体 900 円／A4 判

### 留学生向けドリル形式のテキストシリーズ

**情報演習 44**
留学生のための Word ドリルブック
ISBN978-4-87783-797-6 ／本体 900 円　本文カラー

**情報演習 45**
留学生のための Excel ドリルブック
ISBN978-4-87783-789-3 ／本体 900 円　本文カラー

**情報演習 46**
留学生のための PowerPoint ドリルブック
ISBN978-4-87783-799-0 ／本体 900 円　本文カラー

### タッチタイピングを身につける

**情報演習 B ステップ 30**
タイピング練習ワークブック Windows 10 版
ISBN978-4-87783-838-6 ／本体 800 円

### Office のバージョンに合わせて選べる

**情報演習 26 ステップ 30**
Word 2016 ワークブック
ISBN978-4-87783-832-4 ／本体 900 円　本文カラー

**情報演習 27 ステップ 30**
Excel 2016 ワークブック
ISBN978-4-87783-833-1 ／本体 900 円　本文カラー

**情報演習 28 ステップ 30**
PowerPoint 2016 ワークブック
ISBN978-4-87783-834-8 ／本体 900 円　本文カラー

**情報演習 55 ステップ 30**
Word 2019 ワークブック
ISBN978-4-87783-842-3 ／本体 900 円　本文カラー

**情報演習 56 ステップ 30**
Excel 2019 ワークブック
ISBN978-4-87783-843-0 ／本体 900 円　本文カラー

**情報演習 57 ステップ 30**
PowerPoint 2019 ワークブック
ISBN978-4-87783-844-7 ／本体 900 円　本文カラー

### Photoshop を基礎から学習

**情報演習 30 ステップ 30**
Photoshop CS6 ワークブック
ISBN978-4-87783-831-7 ／本体 1,000 円　本文カラー

### ホームページ制作を基礎から学習

**情報演習 35 ステップ 30**
HTML5 & CSS3 ワークブック［第 2 版］
ISBN978-4-87783-840-9 ／本体 900 円

**情報演習 36 ステップ 30**
JavaScript ワークブック［第 3 版］
ISBN978-4-87783-841-6 ／本体 900 円

### コンピュータ言語を基礎から学習

**情報演習 31 ステップ 30**
Excel VBA ワークブック
ISBN978-4-87783-835-5 ／本体 900 円

**情報演習 32 ステップ 30**
C 言語ワークブック 基礎編
ISBN978-4-87783-836-2 ／本体 900 円

**情報演習 6 ステップ 30**
C 言語ワークブック
ISBN978-4-87783-820-1 ／本体 800 円

**情報演習 7 ステップ 30**
C++ ワークブック
ISBN978-4-87783-822-5 ／本体 800 円

**情報演習 8 ステップ 30**
Java ワークブック
ISBN978-4-87783-824-9 ／本体 800 円

**情報演習 33 ステップ 30**
Python［基礎編］ワークブック
ISBN978-4-87783-837-9 ／本体 900 円

# テーマの一覧

■ ビュー

■ ベルリン

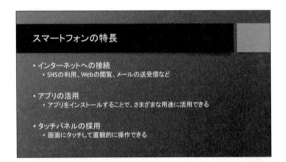

■ メイン イベント

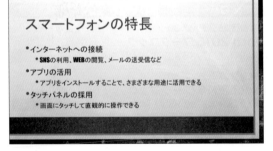

■ 回路

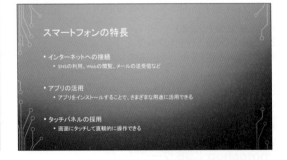